工业和信息化部党的政治建设研究中心重大课题

中国汽车工业现代化发展

工业和信息化部装备工业发展中心 著

电子工业出版社
Publishing House of Electronics Industry
北京·BEIJING

内 容 简 介

本书依托工业和信息化部党的政治建设研究中心重大课题的研究成果而成形，充分论证了中国共产党领导是我国汽车工业发展壮大的核心力量。本书按时间顺序划分为七章，讲述了民族汽车工业艰难探索、中国汽车工业发展奠基、中国汽车工业发展腾飞、中国汽车工业现代化新征程的光辉历程，总结了中国汽车工业现代化取得的辉煌成就，以及中国汽车工业发展的宝贵经验，进而展望奋进新征程，指出了中国汽车工业现代化面临的形势并提出发展建议。

未经许可，不得以任何方式复制或抄袭本书之部分或全部内容。
版权所有，侵权必究。

图书在版编目（CIP）数据

中国汽车工业现代化发展 / 工业和信息化部装备工业发展中心著. —北京：电子工业出版社，2023.7
ISBN 978-7-121-46064-7

Ⅰ.①中… Ⅱ.①工… Ⅲ.①汽车工业－工业发展－研究－中国 Ⅳ.①F426.471

中国国家版本馆 CIP 数据核字（2023）第 142011 号

责任编辑：马文哲　　文字编辑：关永娟
印　　刷：天津画中画印刷有限公司
装　　订：天津画中画印刷有限公司
出版发行：电子工业出版社
　　　　　北京市海淀区万寿路 173 信箱　　邮编：100036
开　　本：720×1 000　1/16　印张：11.5　字数：220.8 千字
版　　次：2023 年 7 月第 1 版
印　　次：2024 年 6 月第 2 次印刷
定　　价：79.90 元

凡所购买电子工业出版社图书有缺损问题，请向购买书店调换。若书店售缺，请与本社发行部联系，联系及邮购电话：（010）88254888，88258888。
质量投诉请发邮件至 zlts@phei.com.cn，盗版侵权举报请发邮件至 dbqq@phei.com.cn。
本书咨询联系方式：（010）88254568，qincong@phei.com.cn。

《中国汽车工业现代化发展》
编委会

顾问 苗　圩　第十四届全国政协常委、经济委副主任
　　　　　　（工业和信息化部原党组书记、部长）
　　　辛国斌　工业和信息化部副部长
　　　徐留平　中华全国总工会党组书记
　　　　　　（中国第一汽车集团有限公司原董事长）
　　　竺延风　东风汽车集团有限公司原董事长
　　　陈　虹　上海汽车集团股份有限公司董事长
　　　朱华荣　重庆长安汽车股份有限公司董事长
　　　李万里　工业和信息化部产业政策司原副巡视员
　　　董　扬　中国汽车工业协会原常务副会长兼秘书长
　　　付炳锋　中国汽车工业协会常务副会长兼秘书长
　　　付于武　中国汽车工程学会名誉理事长
　　　张进华　中国汽车工程学会常务副理事长兼秘书长
　　　安铁成　中国汽车技术研究中心有限公司董事长
　　　李开国　中国汽车工程研究院股份有限公司原董事长
　　　辛　宁　《中国汽车报》社有限公司总经理
　　　贾　可　《汽车商业评论》总编辑

主　　任　瞿国春

副 主 任　姚振智　刘法旺　左世全　关　健

主　　编　邱　彬

副 主 编　赵世佳　刘辰璞

编　　委　伍晨波　王凤丽　王　芳　孟　顺　冷永昆　瞿可丁
　　　　　　江爱群　魏志玲　孟祥峰　曹　宇　刘　晓

主要执笔人（按姓氏笔画为序排列）
　　　　　　邓荧荧　王忠海　王　岩　王建斌　王艳红　王　雅
　　　　　　牛子谦　江美霖　刘　汭　刘　岩　阮碧琳　李广友
　　　　　　李　宁　李　楚　张孟威　张献伟　吴胜男　陆红雨
　　　　　　苏　素　郑先锋　金　陵　胡友波　周建军　周　梅
　　　　　　侯华亮　原　野　谢　光　谢荣琼　廖晓曦

联合撰稿单位　中国第一汽车集团有限公司
　　　　　　　　东风汽车集团有限公司
　　　　　　　　重庆长安汽车股份有限公司
　　　　　　　　浙江吉利控股集团有限公司
　　　　　　　　宁德时代新能源科技股份有限公司
　　　　　　　　中国汽车技术研究中心有限公司
　　　　　　　　中国汽车工程研究院股份有限公司

序　言

汽车工业是国民经济重要的支柱产业，以 1953 年第一汽车制造厂奠基为标志，经过 70 年的努力，中国已经建成全球规模最大、品类齐全、产业链供应链完整的汽车工业体系，成为名副其实的世界汽车大国。70 年的发展历程，既是新中国几代汽车人的奋斗史，也是中国汽车工业的崛起史。

我们这一代人的成长伴随着中国汽车工业从无到有、从小到大、逐步变强的全过程，对中国汽车有很深的感情。回望过去，中国汽车工业从零开始，自力更生、艰苦奋斗、积极探索、大胆实践，创造了全球汽车发展史的奇迹。我们用几十年的时间走完了发达国家百余年的汽车工业历程，建成了具有中国特色的现代化汽车工业体系。中华民族再一次向世界展现了自己的创造力和意志力。

党的十八大以来，以习近平同志为核心的党中央，统筹把握中华民族伟大复兴战略全局和世界百年未有之大变局，带领全国人民迈入中国特色社会主义新时代。党中央高度重视实体经济发展，重视汽车工业的发展，习近平总书记多次作出重要指示批示，强调"要成为制造业强国，就要做汽车强国""发展新能源汽车是我国从汽车大国迈向汽车强国的必由之路""推动我国汽车制造业高质量发展，必须加强关键核心技术和关键零部件的自主研发，实现技术自立自强，做强做大民族品牌"。"十四五"是我国汽车产业转型升级、加快发展的重要窗口期，我们一定要紧抓电动化、网联化、智能化机遇，立足新发展阶段，贯彻新发展理念，构建新发展格局，全面推动我国汽车工业高质量发展，加快汽车强国建设。

2023 年是我们党进入全面建设社会主义现代化国家、向第二个百年奋斗目标进军的新征程启动之年。为了纪念建党百年与中国汽车工业 70 周年历程，工业和信息化部装备工业发展中心开展了《中国汽车工业现代化发展》研究工作，并将研究成果编撰成书，我觉得有着重要的意义。

中国汽车工业现代化发展

首先,本书以翔实的史料系统回顾了这一百年来中国共产党是如何引领中国汽车工业走向发展腾飞的光辉历程。从核心技术、产业结构、产业链与供应链、企业竞争力、民族品牌、人才培养、开放新格局等角度全面展现了建党百年中国汽车工业现代化取得的辉煌成就。如此翔实、全面、高度凝练的内容,是全面贯彻党的二十大精神的重要体现,是汽车工业高质量发展的基础。

其次,本书提炼总结了中国共产党领导汽车工业发展的宝贵经验。中国汽车工业在不同历史时期呈现出不同的特征,背后却始终离不开中国共产党的坚强领导。阅读这本书,有助于进一步领悟"两个确立"的决定性意义,进一步增强"四个意识",坚定"四个自信",做到"两个维护"。

最后,本书还提出了新时代中国汽车工业面临的形势、发展目标和发展路径。在深入理解习近平新时代中国特色社会主义思想核心内涵的基础上,围绕构建以国内大循环为主体、国内国际双循环相互促进的新发展格局,对推动汽车工业高质量发展、建设汽车强国具有重要意义。

我们坚信,在过去一百年赢得了伟大胜利和荣光的中国共产党,必将在新时代新征程上带领中国汽车工业赢得更加伟大的胜利和荣光。

是为序。

2023 年 7 月 1 日

目 录

第一章 民族汽车工业艰难探索 ················ 001
- 第一节　早期世界汽车工业发展情况 ················ 001
- 第二节　民族汽车工业苦难坎坷 ················ 003
- 第三节　失败原因分析 ················ 006

第二章 中国汽车工业发展奠基 ················ 009
- 第一节　《汽车工业建设计划草案》绘制汽车工业蓝图 ················ 009
- 第二节　汽车厂建设项目被列入"一五"计划 ················ 010
- 第三节　结合技术援助举全国之力建成新中国第一个汽车制造厂 ················ 012
- 第四节　历经曲折自力更生培育汽车自主生产能力 ················ 023
- 第五节　大力支持重型汽车发展取得重大突破 ················ 029

第三章 中国汽车工业发展腾飞 ················ 033
- 第一节　汽车工业成为改革开放排头兵 ················ 033
- 第二节　中国汽车工业开始与世界接轨 ················ 037
- 第三节　政策和管理体系逐步成形 ················ 044
- 第四节　以入世为契机，中国汽车产业进入深度改革期 ················ 046
- 第五节　轿车进入家庭，私人汽车消费进入快车道 ················ 054
- 第六节　自主品牌加速崛起，逐渐被大众接受 ················ 059
- 第七节　锚定电动化，新能源汽车起步 ················ 066

第四章 中国汽车工业现代化新征程 ················ 070
- 第一节　坚定不移实施新能源汽车国家战略 ················ 070
- 第二节　推动中国汽车自主创新体系在产业转型升级中不断发展 ················ 078
- 第三节　着力推进产业链供应链贯通发展 ················ 084
- 第四节　加快推动汽车产业全球化发展 ················ 088
- 第五节　布局聚焦智能网联汽车发展 ················ 093

第六节　多措并举促进汽车消费，不断激发市场潜力 ·················· 100
   第七节　汽车行业管理体系不断优化 ·································· 103

第五章　中国汽车工业现代化取得辉煌成就 ···························· 107
   第一节　核心技术水平取得长足进展 ·································· 107
   第二节　产业结构加快优化升级 ······································ 113
   第三节　产业链供应链体系持续完善 ·································· 116
   第四节　企业竞争能力显著增强 ······································ 119
   第五节　民族品牌向上力量逐步积蓄 ·································· 123
   第六节　人才培养取得显著成就 ······································ 125
   第七节　坚定不移推进全面开放新格局 ································ 127

第六章　中国汽车工业发展的宝贵经验 ································ 130
   第一节　中国汽车工业发展的根本保证 ································ 130
   第二节　中国汽车工业发展的根本立场 ································ 136
   第三节　中国汽车工业发展的唯一正确道路 ···························· 143
   第四节　中国汽车工业发展的指导原则 ································ 150
   第五节　中国汽车工业发展的不竭精神动力 ···························· 154

第七章　奋进新征程：中国汽车工业现代化面临形势和发展路径建议 ······ 161
   第一节　面临形势 ·· 161
   第二节　发展目标 ·· 167
   第三节　发展路径 ·· 168
   第四节　措施建议 ·· 170

参考文献 ·· 176

第一章

民族汽车工业艰难探索

1949年前，欧美国家已经形成了较为完整的汽车工业体系，汽车生产技术和普及率快速提升。1947年，美国福特汽车公司建成高性能自动化生产线。欧洲以德国为代表，汽车工业得到高速发展，继美国之后也建立了汽车自动化生产线。自此，欧美都形成了相对完备的汽车工业体系。

新中国成立前，中国汽车以进口为主，尚不能自主生产制造汽车。由于资金短缺、工业基础弱、市场规模小、技术力量薄弱，中国汽车工业在很大程度上依赖外国进口。长春、山西等地创建整车生产企业的探索均以失败告终，仅有上海、天津等地的部分汽车组装业和配件制造业得以存续和发展，中国始终未能发展出真正的本土汽车工业体系。

第一节 早期世界汽车工业发展情况

17世纪中叶以后，西方一些国家先后爆发资产阶级革命，完成工业化改造，社会生产力在新的组织模式和生产方式推动下实现了极大提升。汽车作为工业文明的代表，从18世纪中叶蒸汽机汽车诞生到1886年第一台内燃机汽车问世，爆发出了巨大的能力，驱动了经济可持续增长，促使人类社会的发展轨迹彻底改弦易辙。

一、现代汽车产品的诞生

现代汽车的前身——蒸汽机汽车。 1769年，法国陆军工程师尼古拉斯·古诺制造了世界上第一辆蒸汽机驱动的三轮汽车，在车架上放置一个大锅炉，运行速度约为3.5~3.9千米/时。虽然这辆汽车没有真正投入使用，但却成为古代交通运输与近代交通运输的分水岭。此后，西方各国都对蒸汽机汽车进行尝试，如1814年，英国人史蒂芬逊制造了蒸汽火车，1825年，英国人哥尔斯瓦底·嘉内制造出一辆蒸汽公共汽车，1831年，美国人史沃奇·古勒将一台蒸汽汽车投入城际客运使用等。但总体来看，蒸汽机运行工序多、需携带体积庞大的燃料，更适合火车和船舶等大型运输工具，汽车需要寻找功率更高、体积更小的轻便动力装置。

第一台内燃机汽车在德国诞生。1876年，德国工程师奥托发明了世界上第一台往复活塞式四冲程发动机，更适合汽车使用的动力装置从此登上历史舞台；1886年，德国人G. 戴姆勒在第一台高速汽油试验性发动机的基础上，又制成了世界上第一辆由汽油发动机驱动的四轮汽车；同年，德国C. 本茨也发明了内燃机驱动的三轮汽车。从此，真正意义上的现代汽车由此诞生，1886年也被称为世界汽车元年。

二、国外汽车产品逐渐普及

汽车工业发展初期主要以手工制造为主。受当时产业基础薄弱、管理模式落后，以皇室、贵族为主的客户群体对产品的需求量不大等客观因素影响，世界各国的汽车生产企业大多按照买主要求，手工制作每辆各不相同的汽车产品。其中，1904年成立的劳斯莱斯汽车公司至今一直坚持手工生产，并对购买者的身份及背景有严格的审查和要求，目前依然成为西方很多国家元首、皇室、贵族必备的"坐骑"。

流水线生产模式加快汽车普及。1903年，美国福特汽车公司诞生，首先提出"让汽车成为广大群众需要"的目标，并于1913年组建了世界上第一条汽车装配生产流水线，并实行工业大生产管理方式，实现了产品系列化和零件标准化，为汽车制造开创了新纪元。同时，福特采用规模化生产方式，改善产品质量，降低产品价格，让当时的普通美国人也能有机会拥有一辆属于自己的汽车，T型车到1929年停产时总共生产了1500万辆。福特采用流水线模式生产T型车的经验不仅为美国，也为世界汽车工业的大规模发展奠定了基础。

三、世界汽车工业竞争格局初定

战争改变世界汽车工业发展格局。第一次世界大战爆发之前，德国、意大利、法国等欧洲国家的汽车产业与美国相比虽然稍显落后，但总体上仍处于同一发展水平。受1914年第一次世界大战影响，欧洲汽车工业发展几乎停滞了5年，而此时的美国社会较为稳定，美国汽车企业接到了大量的军用汽车和武器装备订单。到1920年，美国汽车产量（含出口）占世界汽车总产量的 93%；到 1929 年，美国在欧洲建有 30 个整车组装厂和 13 个零部件厂，其汽车工业已远超过欧洲，并逐渐成为美国的支柱产业。

欧洲国家采取多项措施奋起直追。随着第二次世界大战的结束，包括美国在内的原本以生产坦克、装甲车等军用装备为主的汽车企业，先后转为以生产民用轿车为主。欧洲各国企业利用本土优势，以多品种和轻便普及型的新产品与美国汽车企业进行竞争，如意大利的菲亚特轿车、德国大众的甲壳虫轿车等。同时，面对美国汽车工业的海外扩张，欧洲国家为保护自己的汽车产业，开始对进口汽车提高关税，特别是对汽车零部件进口加以重税，并开始降低本国汽车税率，积极投资公路网络建设，从而推动了汽车消费需求的增长，迫使美国在欧洲各国的汽车总装厂改造成为整车制造厂，也由此将先进的流水线生产模式和管理经验带到欧洲，加快了欧洲汽车工业的发展。

综合来看，受战争、技术和管理模式等多方面因素的影响和推动，欧美汽车工业的竞争格局在 20 世纪上半叶已基本确定，并不断推动世界汽车工业的发展。特别是美国和原联邦德国汽车工业发展迅速，促进汽车生产技术和普及率迅速提升。

第二节　民族汽车工业苦难坎坷

与欧美国家在 100 多年前就迈入资本主义、完成工业革命不同，政府军阀、民族资本家和仁人志士等各种力量出于军事、经济和家国情怀，为民族汽车工业发展做出了许多艰难探索，但却始终没有培育出完整的汽车工业体系。

一、民族志士自研汽车

汤仲明国产燃炭汽车。20 世纪 30 年代初，中国的汽车保有量已近 4 万辆，但汽油、柴油完全依赖进口，交通不便且价格昂贵。为了摆脱垄断，近代科学家汤仲明于 1931 年研制成功以木炭为燃料的煤气发生炉，汽车起动前，司机需要提前约半小时添加木炭，产生足够的煤气后才可起动发动机。

黄汉忠自制中华牌载货汽车。根据 1936 年 1 月 30 日《时事新报》报道，企业家黄汉忠自制一辆中华牌运货车，采用水冷六缸汽油机，最高车速约 80 千米/小时。该车造价低廉，坚固耐用，适合国内道路，且可用含汽油在内的多种燃料。

支秉渊研制车用柴油机。1925 年夏，机械工程专家支秉渊在湖南祁阳创建新中工程公司（以下简称"新中厂"），重点研发生产柴油机。1935年初，新中厂以一台英国康玛（Commer）牌货车用波金斯（Perkins）柴油机为样机试制汽车用高速柴油机。"八一三"事变后，新中厂生产的车用高速柴油机和在此基础上组装的整车，在上海市搬迁的短途运输中发挥了重要作用。1944年，日军攻占祁阳，新中厂损失惨重，后辗转迁至重庆，不得已一面去美国购买机器，一面恢复生产。1945年，周恩来出席在重庆举办的内迁工厂成果展览会，并为新中厂题词："供应前方生产是国防工业的第一要义"。1946年春，新中厂迁至上海恢复生产，但由于拒绝为国民政府生产军火，工厂陷入困境，后在党的资助和指导下，成功复工复产，并为国家培养和输送了大量的工程技术人才，一些技术骨干先后担任多个国有大型企业或科研机构的领导岗位。

二、兵工厂造车

（一）辽宁迫击炮厂造出民生牌汽车

1922年，张作霖着手在奉天（今沈阳）北大营奉军修械司及医院旧址上修建奉天迫击炮厂，主要用于生产其军队所需的军工武器，后改名为辽宁迫击炮厂。随着1928年东北军"易帜"、内战缓和，武器需求量随之减少，辽宁迫击炮厂厂长李宜春等人建议化兵为工，利用厂里现有的设备生产制造载重汽车，并将厂名改为民生工厂。当时国内还没有独立完成汽车设计的能力，也没有配套的汽车零部件供应厂商，因此不得不采用仿制的方法。1929年8月，民生工厂从美国购进一辆"瑞雪"牌汽车作为样车，将整车拆卸，然后对除发动机、电气装置和轮胎等零件外的其他零件进行了重新设计制造，历时两年，当年的中国第一辆汽车终于试制成功，命名为民生牌75型汽车，开辟了中国自制汽车的先河。

"九一八"事变后，民生工厂和在产的民生牌汽车全部落入日军之手，在美国订购的已运到牛庄（今属辽宁省营口市）的46台汽油机只得转运天津。后来伪满洲国接管了民生工厂，在其基础上成立了"同和"自动车工业株式会社，组装生产31C型卡车，成为当时东北著名的汽车制造厂，后又在长春、哈尔滨建立卡车分厂。到1938年，该厂已经具备了年产4000余辆汽车的能力。1945年8月，日军战败，所有设备在一夜之间被日军拆走、毁坏，只留下残垣断壁。

（二）山西汽车修理厂的山西牌汽车

20世纪20年代，阎锡山在太原创办的兵工厂已初具规模，能够自制山野炮和各种枪支，中原大战失败以后，太原兵工厂被整体降级为晋绥军修械所，大部分工人被遣散。1932年，阎锡山以"造产救国，开发实业"的口号将晋绥军修械所的双向引信厂改为山西汽车修理厂，厂长为姜寿亭，主要负责修理绥靖公署的公车。

1932年4月，阎锡山令山西汽车修理厂制造汽车，由姜寿亭负责设计、试制，同年12月，仿美国飞德乐（Federal）牌汽车的1.5吨载重的汽油载货车试制成功，定名为山西牌。1933年7月，在原设计基础上加以改进又制成两辆山西牌汽车。但由于晋绥军主要的火炮武器是40公斤的晋造75山炮，另外还有少数的野炮和山炮，在当时的工业条件下，用骡马拖曳要比使用牵引汽车更加实用，加之资金短缺、工业基础薄弱、技术力量不足等原因，山西牌汽车仅试制了几辆，便无疾而终。

三、国民政府办厂造车

（一）湖南机械厂试制衡岳牌汽车

1931年，湖南省公路局成立汽车修理总厂，主要负责汽车修理。1934年，湖南机械厂并入汽车修理总厂，主要生产活塞、活塞销、活塞环、连杆及螺栓、轴瓦、气门、链条等汽车配件。1936年，工厂用自制的汽油机和底盘件，加上进口的车架和大中华轮胎，制成衡岳牌25座客车一辆（装载2吨），当时成本约为5000元，主要用于长沙、衡阳、零陵间的客运。

1936年8月，国民政府交通部向汽车修理总厂拨款7万元，指定该厂生产19种汽车配件。该厂成功试制了40多台75马力汽车引擎、20多艘汽划艇、72部汽车煤气发生炉，成为当时湖南省规模最大的机械工厂。该厂曾制订五年计划，申请中央拨款200万元，拟达到月产40辆整车的能力，但后来由于抗战爆发，工厂迁至祁阳后便不再生产汽车。

（二）国民政府创建中国汽车制造公司

1936年秋，国民政府开始筹建中国汽车制造公司，计划通过购买德国奔驰汽车公司全部图纸和设备，并聘请德国主任工程师冯格腾和20名德国专家来华做技术指导，逐年实现国产化。为此，公司制定五年发展规划：第一期用德国散件装车；第二期试制零部件，逐步国产化；第三期制造柴油机，五年后汽车零部件自制率达 100%，即全部由中国汽车制造公司自己制造。1937 年 2 月，中国汽车制造公司在株洲正式建厂（并在上海设分厂），同年 3 月组装出第一辆 2.5 吨柴油机汽车，定名为中圆牌。

"八一三"事变爆发，中国汽车制造公司上海分厂只组装百余辆汽车后就被迫停产。1938 年，日军侵犯湖南，株洲总厂多次遭飞机轰炸，部分装备迁往桂林，更名桂林分厂。1939 年冬，日军向广西进犯，桂林分厂部分机械设备运抵重庆，在南岸渔洞溪成立华西制造厂，并于 1940 年 4 月 1 日开业，主要生产汽车零部件等，后成批生产单缸、双缸、四缸发动机。抗战胜利后生产纺织机械，直到重庆解放。

中国汽车制造公司株洲总厂于 1937 年底迁往香港，改称华运行，组装成车后主要售予当时军政部交通司。1939 年 9 月，德国入侵波兰后，零部件供应断绝，装配厂停产，零件仓库转为由美国公司生产配件，南华铁工厂试生产船用柴油机。1941 年 12 月，太平洋战争爆发，日军攻占香港，南华铁工厂停产，机器被拆运到日本。华运行迁重庆后恢复原名，但名存实亡。

（三）国民政府筹备中央机器厂

1936 年 9 月，国民政府资源委员会奉命与航空委员会一起筹备飞机制造厂，生产飞机和汽车，名为中央机器厂，1938 年 4 月，在昆明北郊茨坝建厂，时为中国规模最大、设备最齐全、技术最先进的机械厂。1939 年 5 月，资源委员会决定将美国底特律正在申请破产的斯图尔特（Stewart）汽车厂全部器材和设备买下，交予中央机器厂制造中型货车。

1940 年 5 月，由斯图尔特汽车厂购买的全部器材、设备 1500 余吨，以及在美国购买的汽车零件共约 2000 吨，已全部运到越南海防，拟经滇越铁路运往昆明。但 1940 年 6 月，日军侵占越南，滇越铁路关闭，中央机器厂通过美商转运的 260 吨设备运至仰光，其余设备于 1941 年 5 月全部落入日军之手，汽车生产的筹备工作也宣告失败。

第三节　失败原因分析

总的来看，近代中国汽车工业发展十分落后，尽管有识之士纷纷呼吁和探索创立民族汽车工业，但却并未真正培育出具有整车研发生产能力的汽车工业，仅有零星的组装厂、汽车修理厂和配件制造业等缓慢发展。新中国成立前，中华民族工业化制造汽车的梦想始终没有实现。结合国内外汽车工业发展的成功经验和失败案例，我们认为近代以来中国汽车工业探索的失败存在以下共性问题。

近代中国汽车工业发展环境异常动荡。新民主主义革命时期，中国先后经历北伐战争、十年对峙、抗日战争和解放战争，经济社会始终处于动荡状态，工业特别是生产战时物资的重工业，始终是敌方重点搜寻和破坏的对象。汽车作为重要的战时物资，即便是工业基础良好的欧洲也难以在战争中维持汽车产业的稳定发展，积贫积弱的近代中国汽车工业更是面临随时搬迁、随时被毁的悲惨结局。

近代中国汽车工业发展缺乏统一领导。鸦片战争以后，近代中国长期处于半殖民地半封建社会，虽然辛亥革命结束了统治中国两千多年的封建制度，激发了人民的爱国热情和民族觉醒，却没有能够改变封建主义和军阀官僚政治的统治基础，没有完成反帝反封建的根本任务。人民思想尚未完全解放，军阀割据、各自为政，民族汽车工业的发展缺少强有力的宏观规划和统一领导，各地的汽车工业发展带有非常强的短期目标、地方特色和个人主义，难以调动足够的人力、物力乃至全国之力将处于萌芽时期的汽车工业长期发展下去。

近代中国汽车工业发展资金短缺。汽车工业与一般工业相比，对资金的需求更为巨大，国穷民贫的近代中国要发展汽车工业，想要解决资金问题绝非易事。在当时的历史条件下，一些外资是有在中国设立组装厂意愿的，但依靠外资创办汽车工业也只能走向发展汽车组装厂的道路，这与发展自主汽车工业的设想相距甚远。汽车组装厂对技术能力的要求远低于整车生产，而整车制造技术几乎空白是近代中国汽车工业发展面临的另一个问题。

近代中国汽车工业发展所需的技术和人才空白。汽车工业作为20世纪上半叶的新兴产业，不仅对资金有较大规模的需求，而且对技术也有较高要求，而近代中国的基础科技和工业技术极为落后。从19世纪70年代起，因办"洋务"需要，清政府开始成批派遣学生出国留学，但数量上并不多，且大多集中在农工商矿等学科，其中的"工"也多集中在基础工业上，难以满足汽车这一高度综合性工业发展的人才需要。

综合来看，新民主主义革命时期，中国的汽车主要以进口为主，国内尚未形成规模化的汽车工业。在这一历史时期，国内各种进步力量出于军事、经济等原因，为民族汽车工业发展做出了许多艰难探索。但国民政府统治下的旧中国，由于工业基础薄弱、社会环境动荡、缺乏统一领导、资金短缺、技术力量薄弱，中国汽车工业在很大程度上依赖外国进口，始终没有形成完整的工业体系。

第二章

中国汽车工业发展奠基

1949年新中国成立后,中国人民面临一穷二白、百废待兴的局面。为了发展现代汽车工业,党和国家领导人开始筹划汽车工业的规划、建设和发展。中国汽车工业从零起步,举全国之力三年建成了新中国第一个汽车制造厂,并在此基础上建设中国本土模式的汽车工业体系,实现了中国汽车工业的"从无到有"。在面临国内外形势严峻、国民经济困难的情况下,国家和各地方相继建立了二汽、上汽、北汽、南汽和济汽[①]等企业,为中国汽车工业发展布局,组建了一批汽车生产厂和配套企业,独立自主发展轿车、中重型汽车,制造出国产品牌汽车。

第一节 《汽车工业建设计划草案》绘制汽车工业蓝图

1949年12月,毛泽东同志率中央人民政府代表团访问苏联,在参观斯大林汽车厂(后改为李哈乔夫汽车厂)时,看着高大的厂房、现代化的生产线和一辆辆组装下线的汽车,对随行人员说了一句,"我们也要有这样的大工厂!"这句话吹响了创建中国汽车工业的冲锋号,中央人民政府重工业部(以下简称"重工业部")开始着手筹备工作。

1950年1月10日,重工业部开始着手筹建中国汽车工业。当时汽车工业基础薄弱,国内汽车保有量约为8万~10万辆,主要是美国的各种军用汽车及轿车,以及一些陈旧的"木炭车"。时任重工业部副部长刘鼎算了一笔账,我们有10万多千米公路,2万多千米铁路,有很多不能发挥经济效用,就是因为缺乏与铁路配合的公路和汽车,还有邮政、工业、农村、科技、国防等

---

① 二汽:第二汽车制造厂;上汽:上海汽车制造厂;北汽:北京汽车制造厂;南汽:南京汽车制造厂;济汽:济南汽车制造厂。

都需要有我们自己的汽车工业。

1950年2月14日，中苏两国政府签订了《中苏友好互助同盟条约》，将兴建汽车制造厂列入了"苏联援华156项工程"中。3月初，重工业部旗下成立汽车工业筹备组，在党中央、政务院领导下，汽车工业筹备组负责筹建汽车制造厂的具体工作，由郭力任主任，孟少农、胡云芳任副主任。

汽车工业筹备组成立后，办公地点设在北京灯市口中国工程师学会旧址内。为筹备创建中国汽车工业，汽车工业筹备组开展了大量实质性工作。一方面开展调查研究，调研国内当时有关汽车和汽车工业的基本情况，作为制订建设汽车工业计划的基础，《汽车工业建设计划草案》（以下简称"草案"）正是汽车工业筹备组调研工作的结晶。另一方面集结和培养技术骨干，迅速从全国各地调入大量工程技术人员，从最初的30多人增加到100多人，下设计划、经营、训练等科室，为建设汽车工业打下基础。汽车工业筹备组和京津的几所大学联合举办了高年级学生下厂实习活动，为汽车工业培训了一批技术干部。此外还接收了一批原有的汽车修配厂，其中包括北京、天津、济南、武汉、南京等地原属军事系统的汽车修配厂，以及哈尔滨、长春、北京等地的坦克修理厂，并组织技术力量迅速恢复并发展了汽车配件生产。

重工业部进行了大量调研，于1950年出台了《汽车工业建设计划草案》。该草案包括提纲、中国目前汽车及汽车工业的概况、汽车工业建设的必要性等内容，对包括汽车（小客车、卡车、公共汽车、特种汽车）、拖拉机及部分配件在内的汽车工业进行了规划，提出了如何发展汽车工业的计划。这是一个充分利用中国原有工业基础自主创建的汽车工业体系方案，绘制了新中国汽车工业发展的蓝图。随着苏联对华援建的展开，该草案被一汽（第一汽车制造厂，以下简称"一汽"）建设计划取代，但是它对新中国汽车工业发展具有重要指导价值。

1952年秋，随着中国国民经济的恢复和工农业生产的发展，中央撤销重工业部，汽车工业筹备组被划归第一机械工业部（简称"一机部"），改组为行使管理职能的汽车工业管理局，管辖范围包括全国汽车、拖拉机、轴承制造厂，以及各种汽车配件、电器、仪表的制造厂。

第二节　汽车厂建设项目被列入"一五"计划

新中国成立伊始，百废待兴，中国工业基础薄弱，经济建设成为党和国家领导人面对的日益迫切的现实问题。在谈到恢复经济建设时，毛泽东同志曾说："现在我们能造什么？能造桌子、椅子，能造茶壶、茶碗，能种粮食，还能磨成面粉，还能造纸，但是，一辆汽车、一架飞机、一辆坦克、一辆拖拉机都不能制造。"

新中国成立初期，国内只有为数不多的汽车修配厂，中国汽车工业基础差、水平低，处于没有汽车制造能力、没有成型汽车厂的困难局面，"造中国人自己的车"已经跃升为一个全社会关注的涉及民族自尊的政治问题。

在新中国成立后的最初三年，中共中央着力开展了以恢复经济为指向的工业项目和基础设施建设，以东北地区为主，增加了重工业的投资，抢修和新建铁路、公路，发展邮电通信和水利事业。1951年2月，中央召开政治局扩大会议，毛泽东同志提出"三年准备、十年计划经济建设"的思想。决定自1953年起，实行发展国民经济的第一个五年计划，并要求立即着手进行编制五年计划的各项准备工作。1952年6月，中央财政经济委员会汇总各大区和工业部门上报的经济建设指标，试编出按部门和行业划分的《一九五三年至一九五七年计划轮廓（草案）》（以下简称"草案"）及其《总说明》。该草案对中国钢铁、机械、煤炭、石油、电力、化学、电器制造、轻纺、航空、坦克、汽车、造船等工业，提出了具体建设指标和要求，对重大水利、铁路、桥梁建设也做出总体规划。

由于发展建设思路符合实际，政策措施有力，新中国成立后的前三年经济发展成效显著，工业年均增长速度达到49.8%。1952年，中国工业总产值为342亿元，超过抗战前的最高水平。1952年底，原定用三年时间恢复国民经济的设想顺利实现。国民经济的全面恢复和初步发展，以及经济建设方面的经验积累，增强了党中央加快向社会主义过渡和开展工业化建设的信心。

第一个五年计划期间，虽然中国的工业已经恢复并且超过历史上的最高水平，但是工业化的起点仍然很低。1952年，现代工业在中国工农业总产值中的比重仅为26.6%，重工业在工业总产值中的比重仅为35.5%。特别是经过抗美援朝战争后，党和国家领导人对发展工业的认识更加深刻，改变中国工业特别是重工业极端落后状况的客观要求显得更为紧迫。在当时的历史条件下，中国参照苏联的经验，选择了一条优先发展重工业的工业化道路。第一个五年计划得到苏联的大力帮助，汽车厂建设项目被列入"一五"计划，成为苏联援华156项重点工业建设项目之一。

第三节　结合技术援助举全国之力建成新中国第一个汽车制造厂

新中国第一个汽车制造厂的建成，标志着中国汽车工业真正从理想变成现实，也充分体现了社会主义制度集中力量办大事的优越性，与民国时期政府筹办汽车厂的低效与失败形成鲜明对比。第一汽车制造厂从选址、设计到基建，都离不开苏联的大力帮助。这个在短时间内建立起来的现代化汽车制造厂，为后来中国汽车的研发与制造发挥了重要作用。

一、白手起家开始第一汽车制造厂的筹备工作

1950年，全国较大型汽车修配厂约有100个，国内基本没有汽车研发生产能力。在这样的基础上建设新中国汽车工业，称得上是白手起家。党中央高度重视新中国第一个汽车制造厂的筹建工作，对工厂选址、工厂设计、厂长任命等工作直接过问与决策。

（一）选址筹备

由于汽车工业需要大量的资金投入，并涉及钢铁、电力等问题，因此汽车工业基地的选址十分重要。汽车工业筹备组成立初期，派出工作人员至北京、石家庄、太原、太谷、平遥、祁县、西安、宝鸡、湘潭、株洲等多个城市和地区进行了选择厂址的初步调查。苏联专家提出选址在西安，原因在于西安铁路纵横交错，交通方便，社会条件和物质生活也较好；可以通过兴建汽车厂的机会，加大国家在西部的投资，使工业水平比较落后的西部地区加快建设的步伐。当时，兼任新中国第一任重工业部部长的陈云进行了广泛的实地调查，并组织中外专家和有关人员进行深入讨论，经过周密的分析研究后，陈云认为从电力供应、运输等角度考虑，长春最合适。参与此项工作的苏联专家，此后到长春和东北其他地区进行了现场考察，他们在大量的事实和数据面前，也赞同了选址长春的方案。

1951年初，苏联专家到长春现场勘察，根据汽车厂生产要求和交通运输、资源、经济及自然条件，选定长春西南郊孟家屯车站西北侧作为厂址。1951年3月，周恩来同志批示：汽车厂设于东北长春附近。重工业部为工厂起名第一汽车制造厂。1951年4月，政务院财政经济委员会批准了第一汽车制造

厂生产吉斯 150 型 4 吨卡车（一汽编号为 CA10 型），年产 3 万辆的设计任务书。

（二）苏联援助

《中苏友好互助同盟条约》签订后，苏联方面采用"成套交货"方式支援一汽建设，即提供全套的工厂设计资料，包括土建设计、工艺设计，以及组织设计等；整套吉斯 150 产品图纸及相关技术文件，包括全部工艺设计文件和图纸资料；80%的通用设备和全部专用、关键设备；土建以及中方制造设备和装备用的特种钢材；生产用的第一套工装、模具等。援建任务非常艰巨，苏联动员其汽车、外贸、电站、机器、铁道等 8 个工业部门，工厂设计由全苏汽车工业工厂设计院总承包，由工业建筑、城市建设、热电、弱电、化学、煤气、贸易等 26 家设计院和斯大林汽车厂分包。施工图设计由斯大林汽车厂负责。按照技术设计的要求，厂房结构、供电、供水，以及所有的工模夹具等都要具体确定，每一个车间的每一台设备都要精确定位。由于工程复杂、工作量大，斯大林汽车厂成立了长春汽车厂管理处，设置近百人的编制，专司设计、生产准备、设备分交等事宜。这种伟大无私的援助，使中国第一汽车制造厂与苏联斯大林汽车厂建立了深厚的友谊。

1951 年底，苏联完成汽车厂初步设计，由陈祖涛送回国内。初步设计翻译出来后，1952 年春，周恩来同志和财政经济委员会审查批准。1952 年 4 月，经过批准后的汽车厂初步设计返回苏联，苏联开始进行技术设计和施工图设计。为了节省时间，财政经济委员会同意重工业部的意见，下一步的技术设计不再送北京审查，而由重工业部派代表到莫斯科，在中国驻苏大使馆的领导下办理审批手续。1953 年底，苏联方面在初步设计基础上的各项细化设计全部完成，通知中方审查。中国立即派出沈鸿、郭力、孟少农、李刚和陈祖涛等人赶赴莫斯科，就地审核。

（三）建厂指示

中央人民政府国家计划委员会原定四年建成一汽，一切工作都是按照这个总进度安排的。随着技术设计的深入开展，苏联经过分析和评估，认为争取三年建成的条件已经具备，加快进度对中苏双方均有利。苏方总交货人代表古谢夫以苏联政府的名义，向中国在苏联的工作小组建议，安排一个三年完成建厂的进度表。工作小组经过各方面的咨询和调查研究后，认为此建议积极可行。但是，工作小组深感要在三年之内建成这样大规模高度综合性的汽车厂，难度之大实属罕见，而且会牵动国内工业建设的全局部署。因此，工作小组随即通过张闻天大使和汽车局，向党中央请示。中央政治局讨论后，一致支持一汽三年建成出车。1953年6月9日，毛泽东同志签发《中共中央关于力争三年建设长春汽车厂的指示》（以下简称《指示》）（见图 2-1）。中共中央专门为一个工厂的建设发出文件，足以证明党中央对建设汽车厂、发展汽车工业是高度重视的。

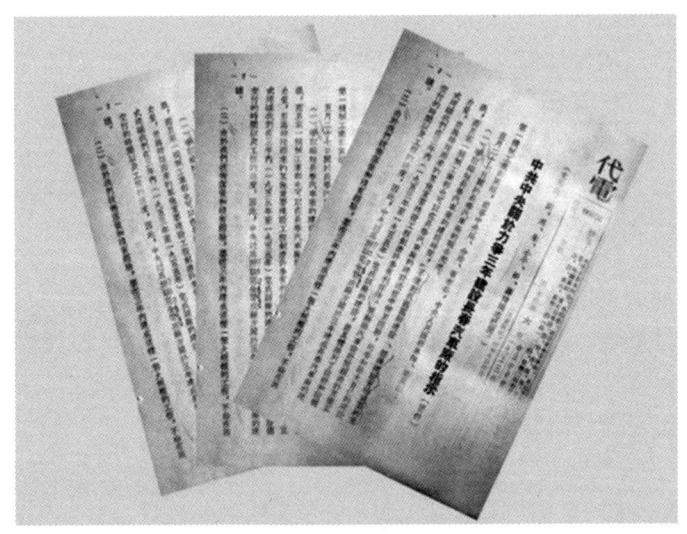

图 2-1　《中共中央关于力争三年建设长春汽车厂的指示》文件剪影

《指示》指出，"争取缩短长春汽车厂的建设时间，不仅对我国国防建设、经济建设有极重要的意义，而且一机部也可以在长春汽车厂的建设过程中积累经验，培养和壮大自己的建设力量，并为接踵而来的其他重要建设工程创造许多有利条件。"《指示》强调，"由于我们技术落后和没有经验，要在三年内建成这样一个大规模的工程，不论在施工力量的组织、施工的技术、国内设备的供应以及生产准备等方面，都将会有很大的困难。因此，中央认为有必要通报全国，责成各有关部门对长春汽车厂的建设予以最大的支持，力争三年建成。"《指示》对如何做好建厂工作，保证完成建厂任务，作了全面的指示。要求既要强调搞好科学技术工作，又要重视加强思想政治工作；既要做好行政管理工作，又要加强党组织的工作。

二、艰苦创业开启中国汽车工业新纪元

1953年7月15日,历经三年紧锣密鼓筹备的第一汽车制造厂,终于在万众期盼与瞩目中奠基,掀开了新中国汽车工业的新篇章。新中国第一个现代化汽车制造厂肩负着党赋予的产业报国、工业强国的历史使命,正式破土动工,第一汽车制造厂奠基启动大会如图2-2所示。这是中国汽车工业史上一项史无前例、规模宏大的建设工程,整体规划项目共106项,总投资61721万元。

图2-2 第一汽车制造厂奠基启动大会

(一)举国支援

《中共中央关于力争三年建设长春汽车厂的指示》签发以后,全国掀起支援第一汽车制造厂建设的热潮。从东海之滨的上海到天山山脉,从大小兴安岭到三江,除青海、西藏以外所有的省、自治区、直辖市,都为支援汽车厂建设做出了贡献。大量的建筑材料、物资、机器设备,以及遍布全国各地的四十多个工厂生产的四百多种协作产品,从四面八方源源不断地运送到施工现场和生产车间。中央各有关部门都给予大力支持,组织部从全国二十几个省市抽调数千名干部到建设工地,其中县团级以上,包括省、地级干部就有百余名,许多是抗日战争、解放战争时期的老干部,还有少数红军时期的干部。许多在上海、南京、杭州等大城市工作的干部,主动申请到长春建设祖国的第一座汽车厂。建筑工程部经请示中央,将部属建筑主力建筑五师整建制调往一

汽工地。建筑五师在工地上，克服了许多难以想象的困难，创造了许多先进的施工方法，立下了丰功伟绩。铁道部优先运输一汽的物资；邮电部开通莫斯科专线电话，保证苏方图纸、设备分交等及时联系；外交部增设 4 名信使，加快资料和消息传递，驻苏使馆主动帮助联系有关事宜；人民解放军将 5 个基础好的汽车修配厂拨给汽车工业局，作为培训一汽技术工人的基地。

第一汽车制造厂所在的吉林省长春市更是全力支援。铁路部门把专用线修到施工现场；城建部门把马路和电车轨道铺设到工厂大门口；公用部门把煤气、自来水管道安装到厂区和宿舍区；粮食、商业、邮电、银行等各行各业都设置了办事机构和服务网点，积极支援汽车厂的建设。长春市全力以赴，把道路修向一汽，把煤气通到一汽，把干部调到一汽，把房子腾给一汽。1954 年初，长春市第一届人民代表大会就作出决定，规定了支援一汽"主动积极，尽先办理，只许办好，不许办坏"的方针。长春市把 1954 年市政建设费用的 95%和 1955 年市政建设费用的 84%都用于支援一汽的建设，完成了 15 项配套工程，包括道路、桥梁、上下水道、煤气管道、商业网点等。

第一汽车制造厂的建设牵动着国人的心。每一位建设者都为发展民族汽车工业而欢欣，也为能够参与建设而自豪。在建设工程最紧张的时候，长春市的机关干部，大、中学校的学生，部队战士等组成了三万多人的义务劳动大军，到一汽建设工地支援。

（二）刻苦学习

1953 年 2 月上旬，从上海、华北地区抽调的第一批干部即将奔赴长春时，一机部部长黄敬在北京六国饭店为其饯行。黄敬部长对大家说："你们熟悉的工作过去了，迎接你们的将是你们不熟悉的工作。你们要从头学起，要刻苦地学，刻苦学习工业知识，刻苦向苏联专家学习，把自己锻炼成专家，希望你们取得成功。"当时来自全国各地的第一代创业者，绝大多数不知道怎样制造汽车。近 700 名领导干部中，80%是从军队转业和地方抽调来的；1300 名工程技术人员中，工程师只占 5%，其余都是刚从大、中专学校毕业的学生，缺乏实际工作经验；12000 多名工人中，四级工以上只占 25%，其余多数是从城市和农村招收的初中、高小毕业生；从其他工厂抽调来的 2800 名老技工的文化、技术理论水平，也难以适应生产需要。

为了提高领导干部的文化水平和技术知识水平，第一汽车制造厂在技术教育处专门设立了一个领导干部业余进修班，1954 年正式开学，一共坚持了

3年。领导干部的率先垂范，带动了全厂职工的技术、业务、文化学习，使全厂各部门、各层次、各专业，从厂长到工人，从职工到家属都被卷到学习运动中。当时全厂职工都渴望学习，学习成了第一需求。

为了快速掌握汽车生产技术，中国汽车工业第一代创业者认真向苏联学习，不断地提高。在1953年初到1956年底的4年时间内，第一汽车制造厂先后选派9批，共518名实习生赴苏联斯大林汽车厂学习，专业涵盖了全厂前方生产、辅助生产和后方管理等36个部门，包括汽车产品设计、工艺制造、计划管理、财务管理、质量管理、辅助生产技术等几十种专业，岗位涵盖了厂长、处长、车间主任、工长、调整工等关键岗位。每名实习生不仅要掌握专业的技术业务知识，还要尽可能地参加操作，提高动手能力。这些实习生回国后，把学到的东西毫无保留地传授给周围的同志，就像滚雪球一样，带出越来越多的各个门类的专业人才。在送出去学习的同时，一汽还积极向到厂支援的苏联专家学习。在建厂时期，苏联派遣了大批优秀专家到中国来进行现场的直接帮助。从1953年6月至1957年底，一汽邀请苏联专家做专题报告、系统讲课1300多次，多次开展"学习苏联、贯彻苏联专家建议运动旬""贯彻苏联专家建议不过夜"等活动，使他们的宝贵经验很快在生产中开花结果。

苏联支援中国建设汽车厂时，斯大林汽车厂有关职能处室专家，利用工作空余时间，为第一汽车制造厂编制了《生产组织设计》。《生产组织设计》共分两部26篇、62卷，第一部的主要内容是组织机构、工作章程、职责范围、职务说明与定员编制；第二部的主要内容是各个职能系统工作组织和工作方法，包括规章制度、工作程序与原始报表等。通过学习《生产组织设计》，第一汽车制造厂快速建立了正常的生产秩序。

（三）艰苦奋斗

当时，第一汽车制造厂厂址所在地是一片荒原，环境恶劣、物资匮乏，但是全体建设者和汽车工人都为参加汽车厂的建设工作感到光荣和自豪，都能精神振奋、干劲十足地投入到社会主义建设的热潮中。在施工过程中，建设者们留下了吃饭当"排长"、学习当"连长"、睡觉当"团长"、工作当"旅长"的创业佳话，即吃饭时人多食堂少，要排长队；学习时要理论联系实际，白天工作、夜晚学习；睡觉时由于宿舍条件差、天气冷而缩成一团；工作时由于缺少公务用车，每天都需要在工地上跑来跑去。三年建厂期间涌现出

6000多名劳动模范和先进生产者，全体职工的积极性和创造性充分发挥出来，这是能够战胜各种困难、三年完成建厂任务的重要保证。

一汽建设工程重大、时间紧迫，为了争分夺秒地抢抓施工进度，建设者们坚持在雨季和雪季施工，时刻需要同恶劣的自然环境与繁重的工作量进行抗争。1954年，6~8月下了44天雨，工程却一天未停。1955年底，土建工程基本竣工。

1954年下半年，机电设备安装工程开始与土建工程交叉并进，由隶属于一机部的第一机电安装公司承担。到1956年上半年，机电设备安装基本完成。生产准备几乎与土建施工、设备安装同步开始，工作量繁杂巨大。据《交工动用准备情况报告》统计，由苏联提供的产品图纸和技术资料有5409张，工序卡和各种工艺技术资料138份735本，非标设备设计图纸4085套，工艺装备图纸16942套。这些资料需要翻译为中文，才能用于生产。在技术工作中，一汽人创造了"译、描、晒、管、学、用"六字工作法。

截至1956年7月，建设者们完成建筑面积70多万平方米，安装设备7000多台，铺设各种管道8万多米、电缆4万多米，制造工艺装备2万多套，保质保量地完成了三年建厂任务，一座现代化汽车厂拔地而起。

综合来看，第一汽车制造厂三年内建成投产，不仅开创了中国汽车工业的新纪元，也为我们进行大规模的工业建设提供了宝贵经验，培养了大批的领导骨干。同时，也对中国其他工业，特别是机械工业的进步，起到了巨大的推动作用。解放牌汽车共有协作产品15类、410多项，其中以电器、轴承、附件、橡胶等四类产品最为重要。全部协作产品分别由46个工厂协作生产。为确保第一汽车制造厂建成后顺利地投入生产，第一个五年计划期间，全国建设了汽车电器、汽车仪表、化油器、滚动轴承等汽车配套协作件生产厂，初步奠定了中国汽车工业的产业基础。

三、解放牌卡车结束了新中国不能制造汽车的历史

1956年7月13日，第一汽车制造厂崭新的总装线装配出第一辆解放牌汽车（见图2-3），结束了新中国不能生产汽车的历史。解放牌汽车的名称是由毛泽东同志亲自圈定的。早在1953年，斯大林汽车厂向中方提出为载重汽车取名，以便将名称标在设计图纸和车头的模子上。一机部部长黄敬等人首先选了解放、前进、胜利等名字，最终毛泽东同志确定用解放命名第一汽车制造厂生产的载重汽车。

第一代解放载重汽车型号是CA10型,是以斯大林汽车厂出产的吉斯150型载重汽车为蓝本制造的,空车重3900千克,装有90马力、四行程六缸发动机,最大速度为每小时65千米,载质量为4吨,最大功率为71千瓦。整车结构较之苏联1955年以前生产的汽车做了部分改进。这种汽车具有发动机开动后均匀性好、刹车系统安全可靠、结构坚固、使用寿命长等优点,更适合中国大规模建设和原材料、燃料供应情况及公路、桥梁负荷等条件。这种汽车还可以根据需要改装成各种用途的汽车,如公共汽车、加油车、运水车、倾卸车、起重汽车、工程车、冷藏车和闭式车厢载重车等。

图2-3 解放牌汽车成功试制下线

从此,"解放车轮遍九州",为国民经济发展和国防建设提供了迫切的重大装备保障。根据国防建设的需要,1958年,第一汽车制造厂还试制出了CA30型解放牌三轴驱动军用越野车。1963年,国家投资1981万元,按年产3000辆纲领,将一汽扩建成越野车生产阵地;到1966年底,CA30型军用越野车年产达到1101辆,支援了国防建设。

四、乘东风、展红旗,缔造"国车"传奇

1956年4月,毛泽东同志在中央政治局扩大会议上讲,"自从盘古开天辟地,我们不会制造汽车,不会制造飞机,现在我们都能造了,由于我们是发展重工业,所以我们现在造卡车,如果哪一天我们能坐上自己生产的小轿车来开会就好了。"1958年2月13日,毛泽东同志视察一汽时,对厂长饶斌说,"什么时候能坐上我们自己造的小汽车呀?"当时,在既没图纸又没现成技术可以参考的背景下,一汽人提出了"乘东风,展红旗,拿出高级轿车去见毛主席!"的口号,扛起生产轿车的重任,并以极大的热情投入研发工作。

(一)新中国第一辆中级轿车——东风牌轿车

根据毛泽东同志的讲话精神,1957年4月,一机部黄敬部长到一汽检查工作时就产品开发问题进行了专门座谈,提出了试制轿车、越野车的规划。同年5月,一机部正式给一汽下达了生产小轿车的任务,提出了"愈快愈好"的要求。为了支持一汽研制轿车,周恩来、朱德等国家领导人把自己乘坐的轿车送给一汽作参考。一机部决定为一汽逐步充实技术人员和增添试验设备,每年为一汽补充大学毕业生10~20名。1957年6—8月,一汽参照捷克斯柯达轿车、苏联胜利、法国西姆卡、英国福特赛飞等样车,从实际出发,不到半年时间,完成了全部设计图纸和设计文件,进入试制阶段。1958年5月12日,代号为CA71的中国第一辆小轿车驶下了生产线,发动机最大功率为51.4千瓦,最高车速为每小时128千米,耗油量为百千米9~10升。根据毛泽东同志《在各国共产党和工人党莫斯科会议上的讲话》中的"东风压倒西风"的言论,这款轿车被命名为"东风"。同年5月21日,东风车开到中南海怀仁堂前(见图2-4),供参加党的八大二次会议代表观赏。会议休息期间,毛泽东同志来到小花园停车场,亲自参观并和林伯渠一起乘车绕花园行驶两圈,高兴地说:"坐上我们自己制造的小汽车了。"毛泽东同志看车后的第二天,刘少奇同志看车,第三天周恩来同志看车,看得很认真,问得很详细。东风轿车在京期间,深受北京市民的钟爱。

(二)新中国第一辆高级轿车——红旗牌轿车

东风轿车属于中级轿车,不能满足代表国家形象的使用需求。一汽随即

第二章 中国汽车工业发展奠基

展开了"乘东风,展红旗,拿出高级轿车去见毛主席!"的新拼争,采用"两参三结合"的管理方式,通过打地摊、赶庙会、手工敲打等方法,自力更生、艰苦奋斗,开始研制高级轿车。"两参三结合"是指干部参加劳动、工人参加管理,领导干部、工人和技术人员相结合。通过"两参三结合",极大地激发了干部工人的积极性、主动性和创造性。1958年9月19日,邓小平同志第一次视察一汽时,对"两参三结合"的做法给予了肯定。打地摊、赶庙会指一汽把轿车样车零部件拆散后摆在车间里,由工人认领进行"照猫画虎"制作高级轿车零部件,该方法大大地缩短了高级轿车研制工期。

图 2-4 东风轿车开进中南海

1958年8月1日,一汽试制出新中国第一辆高级轿车(见图2-5),由当时吉林省委第一书记吴德命名为红旗。红旗轿车车头两侧是毛泽东同志的"中国第一汽车制造厂"题字,车标为红旗,尾标图案中有毛泽东同志手书"红旗"二字,内饰也更加豪华。整车内外体现出浓郁的民族特色,较东风轿车提高了一个档次。

由于红旗轿车是在短时间内试制成功的,图纸、文件都不齐全,达不到生产准备的要求。1958年10月重新进行设计,定名为CA72型红旗牌高级轿车(以下简称"CA72")。整体布置庄重大方,比一般大型双排座轿车长约230毫米。发动机参照克莱斯勒样机,结合一汽生产情况自行设计。CA72车身设计在结构方面汲取了美国3种大型轿车的优点,是自行设计车身的初步尝试，较东风轿车又前进了一步。CA72完成试制，经审查修改后，于1959年一季度进行生产准备,三季度完成主模型,进行大型模具制造。为迎接1959年的国庆十周年阅兵仪式，中央向一汽下达了制造检阅车的任务。国庆节前夕，一汽送到北京30辆红旗轿车，其中2辆红旗检阅车和6辆红旗轿车在天安门广场接受了毛泽东同志的检阅。1962年4月，一汽又设计制造了可自动升降后座的检阅车。1965年9月12日，红旗三排座高级轿车试制成功。1969年6月10日，第一辆红旗保险车试制成功后，陆续成为国家领导人的座驾。

图 2-5　红旗轿车

1961年，一汽成立轿车分厂，逐步实现红旗轿车批量生产。1975年，一汽完成了轿车生产阵地的扩建工程，国家投资3615万元，形成了年产300辆高级红旗轿车的生产能力。

（三）国车传奇

1960年，CA72型红旗牌高级轿车参加了莱比锡国际博览会和日内瓦展览会。意大利的汽车权威人士评价红旗轿车是中国的"劳斯莱斯"。随后，红旗轿车编入《世界汽车年鉴》。红旗高级轿车的制造和发展，使中央领导和部分驻外使节乘上了中国人自己制造的高级轿车。1964年9月26日，红旗轿车在对比试验中战胜苏联吉斯、吉姆轿车，被定为国庆用车，逐渐成为国家威仪的象征。从此，红旗轿车频频亮相于重大国事活动，彰显了大国威仪，振奋了民族精神,赢得了"国车""中国第一车"的荣誉,成为举世闻名的中国自主汽车品牌。20世纪60、70年代,"见毛主席,住钓鱼台,坐红旗车"是诸多外国政要来华访问的三大愿望,尼克松、撒切尔、蓬皮杜等均乘坐过红旗礼宾车。1972年,美国总统尼克松访华,来中国前要求自带总统专车,周恩来同志告诉他们,"我们中国有世界上最好的汽车,你们尽可放心。"当尼克松一行走出飞机时,所有的迎宾车辆全部是加长型红旗轿车。周恩来同志又把自己的6号红旗专车让给尼克松,作为尼克松来华期间的专用轿车。红旗轿车载着尼克松进了中南海,随后,尼克松及其500名随员坐着红旗轿车浩浩荡荡直奔八达岭长城的壮观场面,通过电视传遍了全世界。

第四节　历经曲折自力更生培育汽车自主生产能力

第一个五年计划的完成,推动了中国国民经济的发展,全国经济形势日益好转,对汽车的需求量进一步加大。一汽虽然建成投产,但在计划经济时代中国汽车工业主要为满足货物运输而存在,产品主要以制造载货汽车为主,且设计纲领产能每年仅为3万辆,主要是仿制国外产品并加以改进。为增强汽车制造能力,中国在大规模引进外来技术的基础上,消化吸收先进技术,不懈努力发展汽车工业。

一、自主建设第二汽车制造厂

第二汽车制造厂是中国汽车工业第二个生产基地,是新中国历史上第一座完全依靠自己的力量,由中国人自己设计产品、确定工艺、制造设备、兴建工厂的特大型现代化汽车厂。二汽从1953年开始筹建,经历"二落三起",直到1986年由国家全面验收,建设周期长达二十多年。二汽的建设成功,续写了中国汽车工业发展的新篇章,夯实了中国汽车工业全面发展的基础。

(一)二汽建设的"二落三起"

初次创建构想。1952年底,毛泽东同志发出了"要建设第二汽车厂"的指示。1953年1月,一机部汽车局上报了《第二汽车厂建设说明书》,当时的设想是仿制2.5吨的嘎斯-51型汽车,年产量定在10万辆以上。中央专门组织了一个筹备班子,由当时湖北省委副书记刘西尧任二汽筹备处主任,同时组织了一大批人到正在建设的一汽实习。二汽的厂址选在今天的武汉青山，后来因为和武钢的选址冲突，又将厂址移往武昌的东湖一带。1955年，出于对战争威胁的考虑，国家基本建设委员会和一机部汽车局提出，在武汉建设这么多项目，不利于防空。中央随即取消了二汽建在武汉的决定。1957年3月，因为国内经济原因，汽车局宣布二汽项目下马。

二提建设二汽。1958年6月，第二个五年计划期间，中央第二次提出建设二汽。朝鲜战争结束后，大批志愿军回国无法安排，毛泽东同志很为难地说："哎呀，怎么安排呀？干脆，把他们都给二汽吧。"并且说："二汽就在湖南建吧。"一机部汽车局开始组织选址，厂址最后定在常德，一个战争时期遗弃的飞机场。1960年，就在选定厂址，各项筹备工作开始运转的时候，突然宣布二汽不建了。原因是"大跃进"造成国民经济比例严重失调，同时遇上连续三年的困难时期，再加上中国和苏联因为意识形态领域的争执加剧，直接影响两国关系，苏联的各项援助都停止了，国家无力再建设包括二汽在内的一大批项目。

二汽的正式启动。1965年4月，一机部正式向中央递交报告，建议在第三个五年计划期间，在内地建设一个能生产1～8吨各种载重汽车的中型汽车生产基地。同年7月，一机部又向中央报送了《第二汽车制造厂建设方案》。为了恢复经济，中央批准了建设方案，并做出部署。1965年12月，按照部署，一机部正式任命以饶斌、齐抗、李子政（一汽副厂长）、张庆梓（长春汽车研究所所长）、陈祖涛组成的二汽建设"五人领导小组"，并成立二汽办事组。二汽办事组制定了《第二汽车制造厂建厂方针十四条》，主要包括产品系列化、生产专业化和大力发展研发工作等内容。自1966年下半年起，按照国家建设第二汽车制造厂的总体部署，中央调拨一汽支援和包建二汽的工作，并将已开发的4E140产品转让给二汽，这项工作一直延续到20世纪70年代初期。包建的项目包括灰口铸造、可锻铸造、锻工、发动机、车身、标准件（一部分）、车箱、车架、车桥、车轮、底盘零件、总装配、通用铸锻、设备制造、设备修理、冲模、刃量具、夹具等专业厂和热处理（包括高频）及电镀系统，还承担了2.5吨越野车工装设计和14061种（套）工装及318台组合机床、非标设备制造任务。在人力方面，一汽按1966年在册干部总数，抽出三分之一的技术、管理骨干支援二汽，并为其培训了大批特殊工种工人。

（二）支援二汽建设的三件大事

支援二汽建设所进行的第一件大事是一汽为二汽输送了一大批技术人

员、管理干部和技术工人。一汽是在全国人民支援下建设起来的,人员来自五湖四海,为了战备需要,要在三线建设新的汽车工业基地,这是中国汽车人义不容辞的光荣责任。因此这次动员并没有遇到多大困难,那一年共抽调技术、管理骨干1539人,以后又调去了一大批技术工人。到1970年,一汽总共支援二汽4200多人。

支援二汽建设所进行的第二件大事是承担了时间紧迫的二汽产品的设计试制工作。二汽产品的早期开发工作实际上在1965年就开始了。当时国家明确二汽的产品以2吨越野车和同系列的3.5吨载货车为主。由长春汽车研究所参照进口的美国万国、道奇两种载货车进行设计,以南京汽车制造厂为中心组织华东地区28个厂家联合试制。由于试制点过于分散,试制试验的数量少,产品的可靠性还没有足够把握,产品的工艺性也没有过关,一直到1969年初还拿不出定型图纸,实际上已经拖延工厂建设的进度。在这紧要关头,1968年11月7日,一机部军事管制委员会发出《关于加强第二汽车厂建设的组织领导和分工意见的通知》,决定在长春成立第一机械工业部建设二汽办事组,成员主要是从一汽调往二汽的设计人员,以及长春汽车研究所的技术人员,并以一汽为基地重新进行二汽产品的开发工作。

支援二汽建设所进行的第三件大事是完成了二汽的发动机厂、车桥厂、底盘零件厂、车身厂、车架厂、车轮厂、车厢厂、锻造厂、铸造一厂、铸造二厂、总装配厂等11个专业厂和热处理、电镀两个系统的包建任务。二汽除自建6个技术后方厂外,有20多个专业厂分别是一汽和上海、北京、武汉、南京各地企业所包建的。

1971年6月21日,二汽正式在装配线上装配汽车。1975年7月1日,二汽第一个基本车型2.5吨越野车正式投产。1975年11月18日,经报国务院批准,第二汽车制造厂生产的汽车牌名正式命名为东风。因中苏关系恶化,二汽响应毛泽东同志"打破洋框框,走自己工业发展道路"的号召,依靠中国人自己的力量,自主设计并自行建造了二汽,这对中国工业发展具有里程碑意义,为新中国自主发展汽车工业提供了重要参考。

二、奋发图强形成一批新中国汽车生产基地雏形

1958年,中国各地开始兴建汽车制造厂,至1960年共有16家,而维修改装车厂由16家发展为28家,初步形成北京、南京、济南、上海四大汽车生产基地雏形。

(一)北京

1952年,北京开始整合各种汽车修理厂,成立北京市汽车修配厂。1953年,国家决定在北京创建一座汽车配件厂,该厂和汽车附件厂合并成为北京第一汽车附件厂,后来改名为北京汽车制造厂,使北京汽车工业由装配向制造转变。1958年6月20日,北汽生产的井冈山轿车诞生。1959年国庆节前夕,清华大学与北京汽车修配二厂共同试制成功卫星牌微型轿车,周恩来同志陪同朝鲜领导人金日成试乘。1959年11月,一机部汽车局正式给北汽下达了研制开发东方红牌BJ760型中级轿车的任务。1960年4月5日,北汽举行东方红轿车样车试制成功暨第一条轴瓦钢带浇铸线投入生产庆祝大会。从1961年开始,根据中国人民解放军总参谋部为部队生产军用越野车的要求,北汽先后试制了BJ210、BJ211、BJ212轻型越野车。1963年3月21日,国产BJ210C轻型越野车通过一机部组织的技术鉴定,定名为北京牌。

(二)南京

新中国成立后,在地方汽车工业中,南京是起步较早的。到1966年,南京汽车制造厂是全国第二大汽车厂。继一汽成功仿制吉斯汽车(解放牌)之后,1957年10月,一机部汽车局确定由南汽仿制苏联嘎斯-51型汽车。1958年3月,第一辆NJ130型2.5吨载重汽车试制成功,中国轻卡第一车正式诞生。经一机部命名为跃进牌,这是继长春第一汽车制造厂解放牌汽车之后,中国第二种品牌的载重汽车,成为当时中国轻型载货汽车的主力车型。

(三)济南

1958年,济南汽车配件厂由济南市人民政府命名为济南汽车制造厂,归属于一机部。1959年,济汽参照捷克斯柯达706RT设计8吨车,经试验改进、制造工装,1963年,通过鉴定投入批量生产。该车装配排量12升、额定功率103千瓦的柴油机,装载量大、省油、受用户欢迎,是中国首台重型车产品。为发展配套车用柴油机,长春汽车研究所和杭州汽车发动机厂合作设计试制6120柴油机,排量9.5升,额定功率118千瓦,经过5年研制,1965年,通过鉴定并投产。

(四)上海

社会主义初期建设阶段,上海原有的汽车修配业得到了改造,建立了新的国有企业。1958年9月28日,仅距一汽试制成功第一辆红旗轿车两个月之后,第一辆凤凰牌轿车在上海试制成功,实现了上海汽车工业轿车制造零的突破,由此揭开上海自主制造轿车的历史篇章。1960年8月,上海汽车装配厂更名为上海汽车制造厂,年产三轮汽车1317辆,凤凰牌轿车12辆,生产方式从手工操作发展到初步实现敲模和总装生产流水线方式。此后受三年困难时期和国民经济困难的影响,凤凰牌轿车生产陷入停滞。1963年,上海轿车生产重新启动。1964年,凤凰牌轿车改名为上海牌轿车,从投产到20世纪80年代初是国内唯一普通型公务用车,成为机关、企事业单位和接待外宾的主力车型。20世纪70年代初,上海牌轿车改型为上海760轿车。1975年,完成一机部批准的轿车扩产项目,形成5000辆年产能力。1976年,年产销量为2500辆,上海成为中国最大的轿车制造基地。中国形成"北有红旗,南有上海"的轿车制造格局。

与一汽、二汽不同,上汽始终依靠地方投资和地方建设,从早期只能勉强自主生产车用半导体收音机、喇叭、车外天线和小标牌等配套件,到上海牌小轿车年产量突破5000辆的生产能力,上海汽车工业的发展实属不易,这也使日后上海成为全国,乃至全球重要的汽车生产基地奠定了坚实的基础。1978年,在国家计划委员会、国家经济贸易委员会和对外贸易部联合向国务院上报的《关于开展对外加工装配业务的报告》中,上海成为"引进3条汽车装配线"其中之一。

三、对外援助为中国自主发展汽车工业积累宝贵经验

新中国汽车工业从诞生之日起,就积极承担党和国家赋予的援外任务,积累了自主建设汽车工业的宝贵经验。一汽在1953年至1978年期间,援助了古巴、朝鲜、阿尔巴尼亚、罗马尼亚等国家汽车工业建设,并培训外国实习生223人,其中朝鲜实习生106人,越南、阿尔巴尼亚、罗马尼亚三国实习生共117人。

(一)援助古巴

1959年,菲德尔·卡斯特罗领导古巴人民在美国的"后院"建立起社会主义的新古巴。随后,美国对古巴采取封锁与包围的政策。为支援古巴人民,1960年11月30日,中国与古巴两国政府签订经济合作协定,协定确定1961年至1965年,中国援助古巴建设24个成套项目,其中有5个项目属一机部

汽车局归口，汽车局为总交货人。一汽承建古巴活塞环厂、减震器厂，北汽承建汽油泵厂、汽车灯具厂，上海汽车电机厂承建点火系统配件厂，5个项目合建组成汽车配件联合企业。时任一汽设计处处长的陈祖涛为援建项目总工程师。当陈祖涛一行赴古巴考察时，古巴人民高兴地说："志愿军来了。"1962年4月，援古工作全面展开。活塞环厂、减震器厂和工具、机修、实验室、仓库等辅助部门的工厂设计由一汽设计处负责。后来虽然因为国际关系变化，该援建工作暂停，但这是中国汽车工业拓宽发展局面的一次积极尝试。

（二）援助朝鲜

1961年3月24日，中朝两国政府在北京签署《关于中国向朝鲜供应成套设备和提供技术援助议定书》，由中方一汽负责援建年产气门嘴33万套、气门芯200万套的工厂一座。1962年，该厂与顺川轮胎厂和橡胶制品厂组成联合企业，共用一个厂址，称为顺川轮胎厂气门嘴分厂。气门嘴、气门芯均采用中国型号。根据生产需要，分别生产载重车用、小轿车用和拖拉机用的气门嘴、气门芯。1963年10月24日，一汽派出专家组赴朝，协助朝方编制设计任务书，并收集设计基础资料。1964年，一汽按计划完成了气门嘴厂技术条件制定和样品试制，并进行性能试验和工艺试验。随后，进行工艺和公用动力设备订货及非标准设备与工艺装备的制造。按协议，一汽提供工艺和动力设备82台，工艺装备408种。1970年，该项目正式建成投产。

（三）援助阿尔巴尼亚

阿尔巴尼亚恩维尔机械厂扩建工程是中阿两国政府于1970年10月16日签订的《关于中国向阿尔巴尼亚提供成套项目的议定书》确定的项目。该项目的规模为年产1.6万辆份，产品包括解放、黄河、北京212、跃进4种车型的主要金属配件。由于生产纲领规定的车型多、品种多、要求高，因此工艺种类相当于一个汽车制造厂。该项目名曰扩建项目，但没有利用老厂，实际上是一个完整的、新建的成套项目。1970年12月，国务院将该项目下达给江苏省，由南京汽车制造厂主承包，北京、上海两市协作。1972年9月，对外贸易经济合作部将该项目的筹建任务改由一汽承担，确定一汽为主承包厂。在援建恩维尔机械厂扩建工程中，中国负责编制了34种工艺技术文件、图纸与资料，接待了阿方实习人员，提供非标准设备69台，提供工艺装备18762套。1975年3月，开始土建工程，1977年，厂房建成。

（四）援助罗马尼亚

1973 年，一机部将援助罗马尼亚建设汽车模具厂项目交给一汽。该项目为年产冷冲模具 1600 吨。一汽负责扩初设计，提供设备订货、工艺技术资料，承担工艺装备制造等工作。在近两年的时间里，一汽与罗方人员密切配合，安装调试了 160 余台各类设备，建成了当时连一汽都尚不具备的大型汽车模具厂。

第五节　大力支持重型汽车发展取得重大突破

中国重型汽车生产基地分布于山东、重庆（当时隶属于四川省）、陕西，呈分散性发展。大体来说，济南汽车制造厂主要是由地方的汽车修配业升级为整车制造业，重庆和陕西的重型汽车制造基地则由中央投资建设，其中重庆重型汽车厂的产品由法国直接引进，以重庆本土的汽车修配业为基础，而陕西汽车制造厂与二汽相似，由国内老厂包建，并在产品方面进行自主研发。

（一）济南汽车制造厂

1959 年，中国的汽车保有量已达到 21.07 万辆，全国汽车年生产总量为 1.96 万辆，其中载重汽车产量达 1.36 万辆。当时的中国仍处于大力建设的阶段，对载重汽车的需求量极大，解放牌卡车的产量远远不能满足需求，许多重型汽车生产厂就在这一时期发展壮大起来。在这样的大背景下，全国相继涌现出不少载重汽车生产厂，其中最抢眼的是济南汽车制造厂。

毛泽东同志来到山东视察，得知济汽成功试制 8 吨重型卡车后，提出要来厂里看一看。当毛泽东同志看到披红挂彩的黄河牌 JN150 后，亲自上车坐了坐，面对填补中国重型汽车空白的 JN150，毛泽东同志笑着说："很好！要发奋图强、自力更生。" 1958 年 10 月，济南汽车制造厂仿照匈牙利却贝尔 D420 汽车，试制出 3 辆红旗牌 5 吨载货汽车，同年 12 月又参照苏联嘎斯-51 型试制出黄河牌 JN130 型 2.5 吨载货汽车。1959 年，一机部汽车局在北京召开试制汽车的车型分工规格会议，决定由济汽制造重型汽车并下达了新产品的试制计划。1960 年 4 月 15 日，济汽试制重型汽车成功，将其命名为黄河牌 JN150 型。1960 年 5 月 4 日，毛泽东同志在济南珍珠泉展览会上参观了这辆样车，当年济汽共生产 20 辆该型号重型车。这是中国第一辆重型汽车，结束了中国不能生产重型汽车的历史。

（二）重庆重型汽车厂

重庆重型汽车厂，或者被称为四川重型军用越野车生产基地（当时重庆尚属于四川省），是中国在 20 世纪 60 年代前期自主建设的汽车工业项目。1964 年，经过调整、巩固、充实、提高，国内的极端经济形势稍有好转，但从全球看，中国面对的国际环境仍然十分复杂，与苏联的关系不胜前叙，同时受到以美国为首的资本主义国家封锁。为了国防建设，中央提出了一、二、三线工业新布局和建设大三线的战略方针，在远离城镇、交通、工业和生活供应的大山里建设国防工厂。当时的政治、军事形势吃紧，军队亟须大型越野车。当时国内的大型载重车只有济汽的黄河。黄河车载重 8 吨，但越野能力只有 3 吨，不能满足军队拖带大型装备的需要，要适应发展就需要建设新的汽车厂。中央对发展国防工业下了很大的决心，决定调整工业布局，要大规模地加强三线建设，要求每个省都要建设相对独立的国民经济生产体系。1964 年 10 月，国家批准宜宾汽车制造厂改扩建生产重型汽车，年产规模 1050 辆。其中，6 吨越野汽车 400 辆，10 吨自卸车 400 辆，12 吨载重车 200 辆，25 吨自卸车 50 辆。但以我们自己的技术力量，建设重型汽车厂有难度，而且时间也紧，走捷径的办法就是从国外引进技术，自己生产。

1964 年底，中央指示汽车局组织重型汽车考察团，到国外考察大型载重越野车，买技术回来，自己组织生产。当时，除苏联外，掌握载重车生产技术的主要是欧美等西方国家。以美国为首的西方国家对中国实行全面封锁，不肯把属于军用的载重车技术卖给中国，恰恰就在这个时候，法国的戴高乐将军不满美国的政策，不听美国的指挥，毅然做了两件震惊全球的事，一是退出北大西洋公约组织，二是和中国建立正式外交关系。根据周恩来同志的指示，要与法国增加经贸往来，于是考察团直奔法国。

法国只有贝利埃汽车厂生产大型越野车，这种越野车也是北大西洋公约组织的军车，质量和性能都很不错。经过艰苦的谈判，中国最终以 860 万美元的价格引进贝利埃公司的 GCH（6 吨 6×6 军用越野车）、GLM（15 吨 6×6 自卸车）、T25（25 吨 4×2 矿用自卸车）、TCO（50 吨 6×6 牵引车）共四种车型。1965 年 6 月，从法国贝利埃公司引进四种车型及相关的三款发动机产品和制造技术的协议正式签订，这是中国第一次从资本主义国家引进整车技术。遗憾的是，由于中国当时特殊的政治历史背景，花重金买来的技术只有 6 吨军用越野车和 25 吨矿用自卸车先后投入生产,其余两款车型的资料一直被束之高阁,未能利用。

四川汽车制造厂厂址原定在四川宜宾,后来因为贯彻中央三线建设的方针,决定另选新址。1965 年 9 月,一机部正式下文,决定将四川汽车制造厂的厂址定在重庆大足县邮亭区,实行以新带老、新老结合的方针,新建厂为重庆汽车制造厂、重庆发动机厂、重庆油泵油嘴厂,老厂为綦江齿轮厂和重庆汽车配件厂。总装放在双路镇(1974 年重庆市将其改设为双路区),生产纲领为重型军用载重、牵引车 1050 辆。厂名全称为重庆重型汽车制造厂,又叫红岩汽车厂,后划归重庆市管辖。1965 年,红岩汽车厂诞生,1966 年,开始试制样车,经过几轮试验改进,1968 年,工厂建成投产,当年仅生产 4 辆汽车。随后几年的产量为:1970 年 39 辆,1971 年 14 辆,1972 年 26 辆,1973 年 1 辆,1974 年 93 辆,1975 年 202 辆。

尽管兴建重庆重型汽车制造厂是出于战备需要考虑,该厂规模较小,但为中国自主建设重型汽车制造厂积累了宝贵的实践经验。

(三)陕西汽车制造厂

陕西汽车制造厂(简称"陕汽")是由国家直接投资并按现代汽车生产工艺建设起来的大型汽车制造厂之一,诞生于 20 世纪 60 年代的三线建设。在建设重庆重型汽车制造厂的同时,国家也开始创建陕西重型汽车生产基地,也是作为三线建设的一部分,为新中国重型汽车产业发展,构建完整的汽车产业体系建设打下了坚实的基础。

为了尽快改变重型越野汽车依赖进口的局面,依靠自己的力量进行生产,以满足国防现代化的需要,国家计划委员会和国家经济贸易委员会于 1964 年决定将北京新都暖气机械厂(又名新都汽车配件厂)迁建西北地区,在陕西选址建设。1966 年 2 月,国家计划委员会下发《关于新都汽车配件厂迁建西北地区的通知》,陕汽的筹划工作开始。1968 年 2 月 8 日,一机部军事管制委员会批准,组建陕西汽车制造厂,厂址确定在宝鸡市岐山县曹家乡麦李西沟。1968 年 6 月 15 日,一机部汽车局发出《关于陕西汽车厂包建筹建单位的通知》,规定陕汽由北汽为主包建,包建内容包括新产品设计、试制、工厂设计、基建安装、生产准备、人员配备和培训、调整生产等全部建设工作。同时确定了以南汽为主,由南汽和杭州汽车发动机厂共同包建陕西汽车厂的发动机车间,另由北京齿轮厂包建陕西汽车齿轮厂,为陕汽配套。与引

中国汽车工业现代化发展

进法国产品技术的重庆重型汽车制造厂不同,陕汽的产品设计走上了一条自主研发的道路。陕汽首先生产 SX250 型军用越野汽车,生产纲领为整车 1000 辆、柴油发动机 1500 台。1970 年 12 月 26 日,SX250 第三轮第一辆样车在陕汽试制成功,成为陕汽制造的第一辆汽车。1975 年,陕汽生产出第一批 SX250 越野汽车 30 辆,标志着工厂建设从产品试制阶段转入批量生产阶段,1978 年 3 月,经国家验收正式批准投产。

综合来看,在社会主义革命和建设时期,历经战争洗礼的中国大地百废待兴,为了发展现代汽车工业,党和国家领导人在"第一个五年规划"中将建设第一汽车制造厂作为新中国汽车工业筹备、规划、建设和发展的开始。1955 年,中国汽车产量仅 61 辆。1956 年,随着解放牌汽车的下线,结束了中国不能批量制造汽车的历史,汽车产量攀升至 1654 辆。1957 年,中国汽车产量达到 7904 辆。随后,在国际形势严峻、国民经济困难的情况下,在党的坚强领导下,相继规划建设了二汽、上汽等重点汽车生产企业,1958 年,中国汽车产量突破 1 万辆,1971 年突破 10 万辆。这一阶段,党领导人民自力更生、发奋图强,进行社会主义革命、推进社会主义建设,汇聚全国之力建设中国汽车工业,为中国汽车工业的发展布局奠定了坚实基础。

第三章

中国汽车工业发展腾飞

在国家宏观政策的引领推动下,中国汽车工业加速调整,整合形成了一批骨干企业。同时,市场经济体系逐步完善,对外开放水平进一步提高,合资企业加快技术和管理引进,零部件国产化推动汽车产业链供应链的构建,产业管理制度不断完善优化。

第一节 汽车工业成为改革开放排头兵

一、改革开放成为汽车工业发展的强力助推器

党的十一届三中全会作出了把党的工作重点转移到社会主义现代化建设上来的战略决策,并强调实现四个现代化就要大幅度提高生产力,必然要求多方面改变同生产力发展不相适应的生产关系,改变一切不适应的管理方式、活动方式和思想方式。1987年7月,邓小平同志指出,"搞社会主义现代化建设是基本路线。要搞现代化建设使中国兴旺发达起来,第一,必须实行改革、开放政策;第二,必须坚持四项基本原则。"改革开放和社会主义现代化建设新时期,党面临的主要任务是继续探索建设中国特色社会主义的正确道路,解放和发展社会生产力,使人民摆脱贫困、尽快富裕起来。党的十三大明确确定,"在社会主义初级阶段,我们党的建设有中国特色的社会主义的基本路线是:领导和团结全国各族人民,以经济建设为中心,坚持四项基本原则,坚持改革开放,自力更生,艰苦创业,为把我国建设成为富强、民主、文明的社会主义现代化国家而奋斗。"

长期以来,中国汽车工业实行国家的计划管理。进入改革开放和社会主义现代化建设新时期,党的理论和政策对汽车工业的发展产生了深远影响。单一的计划经济模式逐渐被取代,汽车工业的市场化进程明显加快。

中国汽车工业现代化发展

改革开放前,是中国汽车工业的奠基时期,产量少、品种单一、缺乏自主设计研发能力是这一时期的主要特点。早期,中国的汽车工业主要学习苏联模式,逐步掌握了中型货车的基本仿制能力,为了满足经济建设的需要,投资建成了一汽、二汽,改扩建南汽、北汽、济汽,以及新建重庆重型汽车制造厂、陕西汽车制造厂等生产企业,初步形成了以载货车为主的汽车工业生产体系。在资源高度集中的计划经济体制下,汽车资源匮乏,载货车以中型货车为主,缺重少轻,轿车近乎空白。在计划经济体制下,为保证全国各个省市的经济发展速度相近,几乎每个省市都有自己的汽车品牌,生产的车型也几乎相差无几。这主要是由于在当时国有经济体系指导下,企业会将研发成功车型的图纸、数据全部共享给其他省市的汽车制造厂。计划经济中车型复制的做法抑制了企业创新和技术进步,汽车产业发展缓慢。改革开放前三十年,国内汽车累计生产可供使用的仅170.8万辆,其中进口占比20.7%,出口仅占3.3%。1978年,中国汽车产量只占世界汽车总产量的0.5%。

1979年,国家派出代表团出访欧洲、美国、日本,考察了瑞典沃尔沃、英国贝福特、美国福特、美国通用、美国万国、奥地利斯太尔、日本五十铃等公司。回国后,代表团给中央递交报告,总结了中国汽车工业的三大差距。

第一,在科研、设计和试验三方面差距惊人。国外公司大多都有非常现代化的科研、设计和试验中心,集中了大量科技人才和完善的设备。与之相比,中国汽车工业差距太大,我们对科研、设计和试验等方面的重要性认识不够,投入几乎是零。如果不快速改变,则想搞出高质量的汽车是不可能的。

第二,在货车制造技术方面差距巨大。不同国家不同公司之间,制造技术大不一样。新建厂的自动化水平较高,主要表现在:质量控制变成生产工序的一部分;机械设备不盲目追求精巧,许多加工设备有从液压回到机械传动的趋势;电子计算机普遍应用于生产,用电子计算机控制高架仓库很普遍;制造和运输全部机械化和自动化,任何零部件在加工过程中绝不允许落地;铸造方面,多数是按不同材料和品种组成的大流水线生产的专业铸造厂。生产场地十分注意通风、除尘和环境保护;制造方面和中国的差距不大,有些制造设备中国水平并不低。

第三,在企业管理方面差距较大。欧洲、美国、日本的企业有充分的行政权和自主权,政府只通过政策、法令和税收来指导和影响企业。

二、把汽车制造业作为重要的支柱产业

20 世纪 80 年代，中国正处于改革转型的关键时期，国民经济发展比例失调，造成了市场疲软、经济效益低下的状况。在这样的背景下，国家毅然决定大力发展汽车工业，作出把汽车制造业作为重要支柱产业的战略决策。在企业发展方面，提出了政企分开理论，正确划分国家各级政权机构和经济组织的权限，正确处理国家和企业的关系，减少政府的行政干预，给企业更多的自主权，助力汽车企业新时期的探索，减少汽车企业的束缚，为汽车行业的改革发展奠定了基础。与此同时，国家通过发展规划、产业政策、产品公告目录管理等手段，仍然在汽车工业的发展上发挥主导作用。特别是国家的几个五年发展规划，对中国汽车工业发展提供了强有力的支持，发挥了巨大的推动作用。中国汽车工业在经历了很长一段时间的低谷期后，终于迎来一波新的发展高潮。

1985 年 9 月，《中共中央关于制定国民经济和社会发展第七个五年计划的建议》首次提出，根据加快交通运输建设的要求，要把汽车制造业作为重要支柱产业，争取有一个较大的发展，对进口零部件进行的组装生产，要减少零部件进口，逐步实现国产化。1986 年 4 月，《中华人民共和国国民经济和社会发展第七个五年计划（1986—1990 年）》提到，"把汽车制造业作为重要的支柱产业。按照高起点、大批量、专业化和联合发展的原则，以骨干企业为龙头，形成长春第一汽车制造厂、湖北第二汽车制造厂、济南重型汽车制造厂，以及军工部门等汽车制造基地，同时改建扩建一批技术比较先进的汽车零部件专业化生产企业。"

20 世纪 80 年代初期，随着中国经济迅速复苏，数以十万计的轿车需求引发了一轮进口热潮。几十万辆外国轿车通过各种渠道潮水般地涌进国门，并带走了大量宝贵的外汇。有数据统计，仅在 1984 年，由于进口汽车流出的外汇就超过中国汽车工业 30 年总投资的两倍。这一现象引起了中央和国务院领导的高度关注，由国务院发展研究中心、国家计划委员会、国家经济贸易委员会组织召开大型高层论证会，就中国发展轿车工业一事在经济界取得了共识。

1987 年 5 月，"中国汽车战略研讨会"在湖北十堰举行，这是中国汽车史上一次重要的会议，主要解决了两个问题，一是中国干不干轿车工业，二是怎么干。会议认为没有轿车生产就谈不上完整的、高水平的汽车工业，巨

大的轿车市场是由中国人自己占领，还是拱手让给外国人，这个问题已经迫在眉睫。此外，论证结果还打消了人们长期以来的一些顾虑，一向认为是中国发展轿车的制约因素，如燃油、原材料、道路和城市基础建设、机械工业等相关行业，虽然在当时生产能力还有一定差距，但是经过努力是可以适应的。同时，通过对轿车行业的支持，这些行业也会获得自身的进步。会议决定向国家提出建议，中国汽车工业的建设重点应当逐步转移到轿车工业和零部件工业。确定发展轿车工业后，具体如何实施也在本次会议上取得了一定的共识。首先，中国市场巨大的潜力是发展轿车工业最大的有利条件。中国汽车工业的发展不会与一般发展中国家雷同，是类似美国大国型的自主研发道路，但又不能完全照搬，在引进技术和资金方面，可借鉴日本、韩国等后起之秀的经验，通过宏观调控和扶植政策，促进汽车工业的顺利发展。其次，各国汽车工业发展的经验证明，离开竞争机制，汽车工业是无法成为战略性产业的。因此，形成竞争环境，是中国轿车工业发展的必由之路。

三、发展自己的轿车工业

1987年8月12日，时任国务院副总理的姚依林、李鹏、张劲夫等领导人在北戴河听取了中国汽车工业联合会理事长陈祖涛关于发展轿车的汇报，并作出了中国汽车工业战略性转移的重大决策，发展自己的轿车工业。轿车工业终于获得了"准生证"。此后，国务院办公厅拟定了关于发展轿车生产问题的北戴河会议纪要。确立了轿车产业向规模化发展的道路，提出轿车生产应按"高起点、大批量、专业化"的原则，重点抓好零部件生产及相关工业，加速提高国产化率，为今后轿车进入家庭奠定基础。其中提到，"今后轿车生产主要依靠一汽、二汽，此外，上海大众公司首先要把国产化搞上去。在全国范围内不再安排新的轿车生产点"。

1988年，国务院在《关于严格控制轿车生产点的通知》中，明确提出轿车生产布局的"三大三小"战略，即国家只支持一汽、二汽和上汽三个轿车生产基地（简称"三大"）和北京、天津、广州三个轿车生产点（简称"三小"），而不再批准任何其他的生产点。"三大三小"战略在车型与发动机档次上合理分工，一汽生产中、高级轿车，上汽生产中级轿车桑塔纳，二汽生产普及型轿车。天津、北京、广州三个生产点从进口轿车散件组装开始，逐步实现国产化生产。此后，在1989年3月发布的《国务院关于当前产业政策要点的决定》中，把已经批准的轿车项目列为国家重点支持的项目。1991年1月，召开了全国汽车工业工作会议,明确中国汽车制造重点由载货汽车转向轿车。随着轿车工业对外开放水平不断提高,技术合作的规模随之扩大和深入。

第二节　中国汽车工业开始与世界接轨

一、合资探索乘用车普及之路

实施改革开放政策以后,党和国家把经济建设作为工作中心,为汽车工业快速发展创造了良好的环境和条件,推动了中国汽车工业迅速与世界接轨的进程。各大汽车企业同美国、德国、日本、法国、意大利、英国和奥地利等汽车工业发达国家的厂商开展了广泛的合作和交流。中国汽车从业者深刻认识到,中国汽车工业在汽车生产管理、技术开发等诸多方面,与国外存在巨大的差距。于是,引入海外先进技术解决中国汽车工业自身的问题,从而实现中国汽车工业的快速发展,成为中国汽车行业的共识。

1978年7月,国务院批准国家计划委员会、国家经济贸易委员会和对外贸易经济合作部提交的《关于开展对外加工装配业务的报告》后,一机部开始组织与外商接触。1978年10月,美国通用汽车公司董事长汤姆斯墨菲率领代表团访华,在谈判重型汽车项目技术引进的时候,他提出一个中方从来没有听说过的英语词汇:joint venture,译为"合资经营"。简单来说,就好比共同组建一个"家庭"。在今天来看,合资是再正常不过的事了,但在20世纪70年代末,人们的思想刚刚开始解放,对搞中外合资经营来说,一是不懂,二是不敢,似乎仍属于经济领域的"禁区"。"合资经营"在当时存在巨大的争议,甚至很多人认为是投降主义。尽管这样,按照当时的规定,凡是比较重要的对外谈判项目,每次谈判都要向国务院引进办公室写简报。与通用汽车公司谈判的简报引起党中央、国务院的高度重视,当时分管相关工作的副总理谷牧看到简报后,认为很重要,立即批请中央政治局和国务院各位领导同志传阅。各位领导同志都一一圈阅,邓小平同志阅后不但画了圈,还在简报中关于通用汽车公司建议搞合资经营的内容旁,批上了"合资经营可以办"这样一个十分重要的批示。1978年11月9日,在听取国家计划委员会副主任顾明关于上汽轿车项目可不可以合资的请示时,邓小平同志再次明确表态,汽车合资经营"可以,不但轿车可以,重型车也可以。"这一重要指示解放了禁锢的思想,充分体现了我党毫不动摇进行改革开放、发展社会主义市场经济的坚定决心,从此中国汽车工业的命运得到了改变。当年,两个轿车和重型车中外合资项目开始谈判，时任一机部部长周子健、副部长饶斌和相关代表开始考察世界各大汽车企业，并围绕利用外资、引进技术、合资经营等展开谈判，为后续中国汽车合资项目的确定奠定了基础。

1979年初，北京汽车制造厂与美国汽车公司率先迈出了技术合作的脚步。此后，一汽、二汽、上汽等企业也都试图通过合作来获取国外先进汽车技术。1979年2月21日，一机部和北京市提出《关于北京汽车制造厂和美国汽车公司合资经营吉普车公司的报告》。同年3月3日，国务院副总理余秋里和李先念等6位领导批复"原则同意"。经反复协商，1983年2月，中方代表团访美，与美国汽车公司签署合资经营备忘录。同年5月5日，北京汽车制造厂和美国汽车公司在北京签署合资经营北京吉普汽车有限公司总合同及章程。1983年6月1日，合同生效，有效期为20年。初始阶段，北京汽车制造厂占总资本的68.65%，美国汽车公司占总资本的31.35%。1984年1月15日，北京吉普汽车有限公司开业，中国第一家整车合资企业诞生，这标志着中国汽车工业迈出了与国际接轨的第一步。1985年9月26日，北京吉普汽车有限公司举行新车投产仪式，北京的切诺基（BJ/XJ213）正式下线。从此，中国的汽车企业开始积极引进国外的先进技术与资金，组建中外合资汽车公司。

1978年7月，国务院批准的《关于开展对外加工装配业务的报告》中提到引进3条汽车装配线，其中轿车装配线在上海，改造上海轿车工业。1978年11月9日，邓小平同志同意引进装配线后，改按中外合资经营项目与外商洽谈。一机部和上海市先后与美国通用、福特，日本日产，法国雷诺、标志、雪铁龙，德国大众等7家汽车公司接触，历时两年多进行了60余次谈判，初选与德国大众公司从散件装车入手，逐步实现国产化生产轿车。1984年10月10日，中方中国汽车工业公司（以下简称"中汽公司"）、上海市拖汽公司、中国银行上海信托咨询公司的代表与德国大众公司代表签署上海大众汽车有限公司合营合同，合同规定中国和德国各占50%股份。1985年3月21日，上海大众汽车有限公司正式成立。与此同时，上海以上海大众为龙头，成功组织开展了10年之久的桑塔纳轿车国产化攻坚战，在中国建成了现代化的零部件制造体系。1993年，桑塔纳轿车创造了中国第一个年产轿车10万辆纪录，国产化率在引进轿车中率先突破80%。上海一跃成为中国产销规模最大的轿车制造基地。到1998年，桑塔纳轿车市场占有率达40%以上，几近半壁江山，被誉为"拥有桑塔纳，走遍天下都不怕"。上海大众走出了一条独特的利用外资、引进技术、滚动发展的道路，为中国汽车工业在 20 世纪 90 年代中后期的快速发展，提供了崭新的发展理念和成功的实践模式。

1988 年 12 月，二汽同法国雪铁龙公司共同签署了《中国第二汽车制造厂——法国雪铁龙汽车公司合资建设 30 万辆轿车厂联合可行性研究报告》。经过几轮商务谈判，1990 年 12 月 20 日，双方在巴黎签署了《神龙汽车有限公司合资合同》。1992 年 5 月 18 日，神龙汽车有限公司正式成立，并确定法国雪铁龙 ZX 轿车以富康为名在中国生产。神龙富康是在中国生产的第一款掀背式中档轿车，为轿车进入家庭立下了汗马功劳。

1990 年 11 月 20 日，在北京人民大会堂，一汽与德国大众公司签署了合资建设 15 万辆轿车项目的合同。1991 年 2 月 8 日，一汽大众公司正式成立，总投资达 89 亿元，注册资本 22.5 亿元，其中一汽投资占比 60%，德国大众投资占比 40%。这是当时全国建设规模最大的轿车生产基地，也是一汽自 1953 年以来第二大规模建设工程。一汽大众投产的产品是德国大众公司当时正在生产的捷达和高尔夫 A2 两款轿车，这两款产品在中国生产，提高了中国轿车制造业的水平。

1985 年 3 月 15 日，中国和法国在广州签订协议，成立广州标致汽车公司。除与欧美企业建立合资公司生产轿车、越野车外，天津汽车、长安汽车、哈飞汽车、柳州汽车、贵州航空集团等一批企业还分别与大发汽车、铃木汽车、三菱汽车等日本企业，采取技术合作的方式生产微型轿车和面包车。1986 年 3 月，天津汽车工业公司在天津签署引进日本大发公司夏利轿车技术许可证转让合同；1986 年 9 月 30 日，以全散件组装（CKD）方式引进生产的第一辆夏利两厢轿车下线，夏利轿车曾一度成为"国民车"。

1997 年 6 月，上海汽车集团股份有限公司（以下简称"上汽集团"）与美国通用汽车共同组建的当时中国最大的合资项目上海通用汽车有限公司（以下简称"上海通用"）成立，总投资 15.21 亿美元，股比各为 50%。双方同时合资成立泛亚汽车技术中心有限公司，此举成为中国汽车工业中外合资从生产制造进入研发设计的重要标志。1998 年 12 月，改革开放 20 周年之际，上海通用汽车首款车型别克新世纪轿车下线，该项目创造了 23 个月建成的世界纪录。上海通用汽车诞生后，立即驶入发展的快车道。1999 年，上海通用汽车总销量为 1.9 万辆，位列国内同级第 7 位。两年后，上海通用汽车总销量为 5.8 万辆，位列国内同级第 4 位。

合资企业为中国汽车工业的发展做出了巨大的贡献,也显著提升了中国汽车工业的技术实力,但是不可否认,在一些关键零部件和制造工艺上,中国还未掌握核心技术。通过消化和吸收,中国轿车产业经过了十年时间,开启了零部件国产化的"争气"运动。1990年,桑塔纳轿车关键零部件,如车身、发动机、变速箱三大总成和前后桥总成相继实现国产化。1997年,桑塔纳轿车国产化率超过90%。同期的一汽奥迪100国产化率达到93%,捷达的国产化率则达到84.02%;二汽的神龙富康国产化率也超过了80%。整车产品国产化率的提升,背后是配套企业的崭露头角。玉柴机器厂的柴油发动机、福耀的汽车玻璃等如今家喻户晓的汽车零部件,都是从那时开始崛起的。在国家的重点扶植和相关产业政策的引导下,中国汽车零部件工业通过积极利用外资,多渠道筹集资金,加大了投资力度,进一步提升了产业集中度;通过引进、消化吸收国外先进技术和"双加工程"(即加大投资力度,加快改革步伐)等专项技术改造的实施,调整产品结构,加快产品更新,部分关键零部件产品基本能够满足引进车型的国产化配套要求,汽车零部件工业落后的局面有了一定程度的改观。"九五期间"汽车零部件产业完成投资261.49亿元,超过前15年该领域投资的总和。

二、技术引进推动商用车全面发展

20世纪80年代中期,国家计划委员会会同中国汽车工业公司(简称"中汽公司")对全国汽车工业发展做了初步规划,决定引进国际先进技术开展合资合作,对中国汽车企业进行技术改造。当时,中国还基本没有知名重型卡车产品,重型卡车作为重要的生产资料,能够迅速提升工作效率,是汽车工业发展的重要方向。

根据对当时重型汽车厂的综合评价,一机部决定,以中汽公司下属重汽公司为引进和谈判主体,济汽、川汽和陕汽共同做好引进吸收的工作,各有侧重地利用引进技术,结合老产品,研发新产品。建议济汽以民品为主,川汽、陕汽发展军品;重汽公司内的潍坊柴油机厂和陕西齿轮厂负责发动机、变速器等关键总成的消化吸收。

经过调整,中方引进阵营已经明确,并与各国重型车公司接触。为争取到中国这个项目,自1980年起,各有关汽车公司开始陆续给中方送来样车、样机,包括美国通用、法国雷诺、奥地利斯太尔、德国奔驰。经过激烈的竞争,以及重型汽车研究所、部队、高等院校和有关工厂做了性能测试和可靠性试验，并送使用单位做适应性使用考核，中方最终选定引进斯太尔公司 91 型系列产品。

1983 年 12 月 17 日，中国重型汽车工业企业联营公司与奥地利斯太尔公司签订合同，引进斯太尔重型汽车，这是国内第一个全面引进国外重型汽车整车制造技术的项目。

斯太尔技术引进项目确定为国家"八五"重点项目，总投资 11.58 亿元，解决了当时汽车工业缺重的矛盾，有利于发展中国重型汽车工业。斯太尔技术引进项目是改革开放以后中国实施的第一个整车引进项目，也是迄今为止中国重型汽车规模最大、影响最深的技术引进项目。该项目的实施全面缩短了国产重型载货车技术与国际先进水平之间的差距，整体提高了中国重型载货汽车的发动机、变速器、离合器、车桥、制动系统等系统和部件的技术水平，中国重型汽车从初始的仿制进入引进先进技术、消化、吸收、制造的第二阶段。在斯太尔基础上，中国开发出了第二代军用重型汽车，构建了车辆研发平台，解决了我军亟须的重型越野车平台问题。

斯太尔进入中国的模式也产生了后续效应。继斯太尔之后，德国奔驰、德国曼、捷克斯洛伐克太脱拉和瑞典沃尔沃等世界先进重型汽车生产厂家先后来到中国，与国内重型汽车生产厂家合资合作，促进了中国汽车工业与国际汽车产业的深入融合。

同样在"七五"期间，国家对轻型车提出了技术引进规划提纲，确定了五个系列产品。引进意大利依维柯公司 3 吨级轻型载货汽车和旅行车技术，生产纲领为 6 万辆，由南汽引进并组织消化吸收；引进日本五十铃公司 2 吨级轻型载货汽车，生产纲领为 10 万辆，由北京、二汽和西南三省一市（云南、贵州、四川、重庆）的有关企业组织消化和吸收；引进法国标致公司 1 吨级轿车型轻型载货汽车，生产纲领为 1.5 万辆，由广州汽车公司组织消化吸收；由一汽引进日产驾驶室和美国克莱斯勒汽油发动机，开发 1~2 吨级 CA 系列轻型载货汽车和旅行车，组织整个东北地区的轻型车生产，生产纲领为 11 万辆；北汽仿制日本三菱公司旅行车，自行开发 BJ122 系列 1 吨级轻型载货汽车，生产纲领为 2 万辆。

1985 年 3 月 27 日，南京汽车工业联营公司和意大利菲亚特集团依维柯公司在南京签署引进依维柯 S 系列轻型汽车许可证转让和技术援助合同。南汽通过引进依维柯技术，首次在中国生产轻型客车，填补了中国汽车市场短头轻客产品的空白，带动了中国轻型汽车整体技术进步。

在客车领域，1981年，交通部组织联合设计，由扬州汽车修造厂试制的JTKD-1型客车底盘及JT663型客车通过生产定型鉴定，投入市场后就成为中国公路客运的主流车型，单一车型累计销量达14849辆，市场占有率曾高达30%以上。这是中国现代客车制造业首次采用国产客车专用底盘的产品，它结束了完全采用卡车底盘改装的历史。1988年，西安公路学院与扬州客车厂联合开发推出第一款卧铺客车，在国家铁路运力紧张的环境下，利用公路卧铺客车满足人们对长途商务出行的需求。卧铺客车具有经济和舒适方面的运营特征，既缓解铁路运力的紧张局面，又促进城乡道路客运市场的发展。卧铺客车成为最具中国特色的运营车型，卧铺客车保有量曾创造40000多辆的纪录。

经过多年的发展，中国已经基本形成具备大、中、轻、微型，高、中、低档的客车生产格局，但也存在着生产企业多、品种单调重复、技术水平低、批量小等问题。为提高中国客车整体水平，先后有50余家客车企业与国外发达国家的先进客车制造企业建立合作关系，先后引进德国曼、沃尔沃、雷诺、大宇、三菱、日野、丰田等企业的先进产品和技术。中国客车企业在消化吸收的基础上，不断开发新产品，促进老产品的升级换代，使客车市场逐渐掌握在本土企业手中，产品质量也得到了市场认可。

三、混合所有制、民营企业开始涉足汽车产业

"八五"期间，国家加大改革开放，建立了市场经济体系，并为加入世界贸易组织（WTO）做准备，在汽车行业进行了以集团化与市场化为目标的改革调整。1992年，在党中央、国务院的正确领导和精确施策下，中国汽车销量首次突破百万辆。

在这五年中，最值得注意的是中国汽车工业出现了一批新生力量。由于中国经济加速向市场经济转型，地方政府、民营企业等各类投资主体对发展蒸蒸日上的汽车行业产生了浓厚兴趣，都试图通过各种迂回曲折的方式，突破国家对汽车行业的严格限制，进入汽车制造领域。

1994年，山东的一个农用车企业——诸城车辆厂就以资产无偿划转的方式，并入北汽集团下属的北汽摩公司，成立了北汽摩公司诸城车辆厂，并在北汽摩公司的支持下很快成为国内农用车销量第一的企业。为谋求获得更大的发展，北汽集团对北汽摩公司诸城车辆厂进行了股份制改造。1996年8月28日，由北汽摩公司作为主要发起人，与常柴集团有限公司、武进柴油机厂

等 100 家单位发起设立北汽福田车辆股份有限公司（以下简称"北汽福田"），注册资本为 1.4 亿元。北汽福田车辆股份有限公司的设立，是一次跨地区、跨行业、跨所有制的资产重组，它以产权关系为纽带，将经销商和配套商牢牢聚集在北汽福田周围，极大地提升了北汽福田的市场营销能力，建成了独具特色的北汽福田营销体系。1998 年 6 月，北汽福田在上海证券交易所上市，成为国内商用车制造企业中有影响的上市公司。

1995 年，安徽省芜湖市借引进福特汽车英国公司的 CVH 发动机生产线项目，决定代号为"951"的轿车项目上马。1997 年 3 月，成立了安徽汽车零部件工业公司，注册资本为 17.52 亿元。此后，芜湖市轿车项目工程建设全面启动。1999 年 12 月，芜湖生产的第一辆轿车——奇瑞风云下线，但却无法在全国市场上销售。为获得轿车生产资质，在国家经济贸易委员会的协调下，安徽汽车零部件工业公司加入上汽集团，并更名为上汽集团奇瑞汽车有限公司（以下简称"奇瑞"）。奇瑞不仅获得了轿车整车生产和销售的资格，还利用上汽集团的品牌效应和知名度，实现了良好的销售业绩，为后来的发展奠定了良好的基础。

浙江吉利集团有限公司（以下简称"吉利"）是国内第一家制造轿车的民营企业。1996 年，吉利以制造摩托车的名义在浙江临海市征下了 850 亩工业用地，开始建设"吉利豪情汽车工业园"，这是吉利的第一个生产基地。为获得生产资质，1997 年，吉利分两步收购了四川德阳监狱汽车厂的全部股份，拿到了微型客车生产资质。1998 年 8 月，吉利的首款汽车产品"豪情 6360"下线。2001 年，吉利与江南汽车实业公司在湖南湘潭合资成立了江南吉利汽车制造公司，最终获得了轿车生产资质。吉利进入轿车行业后，以低成本的优势对中国轿车行业原有格局发起了猛烈冲击，使汽车行业价格竞争变得空前激烈。

在这一时期，奇瑞、长城、中兴、华泰、吉利、比亚迪等企业的相继产生是地方企业和民营企业对汽车行业管理体制的一次突围，他们的造车冲动和潜在力量极大地改变了中国汽车工业的格局和生态，为中国民族汽车工业的发展闯出了一条新路。

第三节　政策和管理体系逐步成形

一、设立行业管理职能部门

1981年12月31日,国务院批准成立中国汽车工业公司,在计划、物资、财政、信贷、基建、劳资、外贸等方面实行计划单列管理。1982年5月,中汽公司正式成立。中汽公司作为统一运营全国汽车工业的经营实体,下设若干联营公司,由此形成了中汽公司—联营公司—基层企业的"三级管理"体制。时任机械工业部部长的饶斌兼任中国汽车工业公司董事长,中国汽车业终于有了行业管理职能的部门。

1985年,国家开始对汽车产业实施目录管理制度,只允许目录中的企业生产汽车,同时对汽车产品和生产地点进行严格限制。政策目标是通过控制生产汽车的企业和产品,改善散乱差的局面。

1987年,为了改变汽车工业的领导体制,继续探索新组织形式下的宏观管理运行模式,经国务院批准组建了中国汽车工业联合会(简称"中汽联"),目的是要改变以往高度集中的实体公司管理模式,变为企业和政府间的桥梁和纽带。中汽联由机械电子工业部归口管理,同时取消中国汽车工业公司。中汽联的宗旨是"面向企业,全心全意为企业服务,引导和促进汽车工业向'联合、高起点、专业化、大批量'方向发展,逐步成为国民经济支柱产业"。

1990年2月,国务院批复同意组建中国汽车工业总公司(简称"中汽总公司"),中汽总公司是管理汽车工业直属企事业单位的经济实体,对全国汽车(含摩托车)工业行使行业管理职能。中汽总公司成立后,一方面做行业统筹规划,一方面做自身的经济实体管理,原来的中汽联更名为中国汽车工业协会,成为社团法人。

1993年,中国明确提出建立有中国特色的社会主义市场经济体制,在这一战略目标的指引下,中国汽车行业管理体制改革取得了巨大进展。按照政企分开的原则,国务院将之前授予中汽总公司的汽车行业管理职能收归机械工业部。这些职能主要包括制定行业发展战略、布局、产业政策及中长期发展规划,编制中长期发展对相关工业需求规划,对重点基建、技改、引进、利用外资项目进行审查,编制行业产品试制、科研计划,组织编制行业技术标准、质量标准,组织审定并颁发汽车整车、改装车、摩托车等产品目录等。直到1998年,机械工业部撤销,汽车行业管理职能又划转至国家经济贸易委员会下辖的机械工业局。

二、《汽车工业产业政策》发布

中国从 20 世纪 80 年代开始产业政策研究。事实上，产业政策是政府干预、引导经济发展的重要手段，最早出现在日本，曾有效推动了日本产业结构升级和国民经济高速增长。中国为推动汽车产业快速发展，也采用了制定产业政策这一有力手段。

改革开放以后，随着经济的发展，中国汽车市场需求日渐旺盛。为满足市场需求，中国汽车工业不得不力求在尽可能短的时间内达到数量上的发展。直到 20 世纪 90 年代初，中国国产汽车仍难以满足当时的市场需求，1992 年、1993 年中国进口轿车近 30 万辆，而国内轿车产量仅为 39 万辆。大量进口车的涌入，增强了发展本国汽车工业的紧迫感，亟待政府部门制定汽车工业产业政策加以宏观调控，在此背景下，1994 年，第一部《汽车工业产业政策》应运而生。

《汽车工业产业政策》明确了以轿车为主的汽车发展方向，首次提出鼓励汽车消费，允许私人购车。第一次正式认可了在中国私人购买汽车的合法性，"发展家庭用轿车"被定为国策，这是具有里程碑意义的一项重大决策。政策的制定是为把中国汽车工业尽快建设成为国民经济的支柱产业，改变目前投资分散、生产规模过小、产品落后的状况，增强企业开发能力，提高产品质量和技术装备水平，促进产业组织的合理化，实现规模经济。该政策计划到 2010 年汽车工业成为国民经济的支柱产业，并带动其他相关产业迅速发展。

《汽车工业产业政策》的出台填补了中国汽车产业政策的空白，使中国汽车产业的发展有据可循。此后的十年，中国汽车工业发生了深刻的变化。第一，《汽车工业产业政策》对国内汽车生产企业提供多方面的支持和保护，基本实现了 2000 年汽车总产量要满足国内汽车市场 90%以上需求的目标。第二，《汽车工业产业政策》确定的产品发展重点比较准确，加快了汽车工业的基础建设，为今后汽车工业的继续发展扫清了障碍。第三，加大了对汽车工业骨干企业支持的力度。第四，加快了汽油无铅化的进程，也推动了整车的技术进步。第五，优先汽车企业发行股票并上市，全部汽车工业大集团都成立了财务公司。第六，规定了合资的外商条件、外商合资家数、合资企业必须满足的条件、合资的中方最低股份比例等，确保了利用外资的质量等。

总而言之,《汽车工业产业政策》的颁布和实施为中国汽车工业的健康发展注入了新的活力。

《汽车工业产业政策》具有四大特点,首先是重汽车生产、轻市场环境。在解决供给方面,着重汽车整车的发展,对具体的汽车生产企业如何发展,甚至具体产品如何发展,都做了细致、明确的规定。但是对市场环境的改善、消费需求的扩大,以及汽车发展引起的外部经济问题等没有给出具体的措施。其次,带有浓厚的计划经济色彩,在政策手段方面注重行政管理,对许多应当以企业为主导的事情都做出了细致的规定。再次,与国际尚未接轨,政策中存在着诸多与 WTO 有关条款相矛盾、抵触的规定,随着中国加入 WTO,这些相关规定与政策便失去了效力。最后,政策主要面向国有企业与合资企业,对民营企业发展支持程度不够。

第四节 以入世为契机,中国汽车产业进入深度改革期

中国入世首席谈判代表、对外贸易经济合作部原副部长龙永图说过,"入世是一个契机,使得中国的汽车开始进入老百姓家里。"中国加入了 WTO 后,才真正按国际化、全球化的方式去做汽车产业。入世后,整车进口限制取消,进口关税逐年下调,积极推行强制性技术规格、非强制性技术规格和产品认证制度,国内现有的国产化率、技术引进的基础发生改变,允许外资进入汽车零售、批发、金融服务、修配和运输等市场,历经 13 年的中国汽车行业保护体系基本被打破。面对产业发展面临的挑战,党和国家积极制定产业政策,遵循市场经济规律,围绕技术发展、准入管理、商标品牌、投资管理、进口管理、汽车消费等方面制定规划和政策。汽车产业进入加速发展的关键期,产业活力不断增强,国外汽车企业加速进入中国,国内汽车产业资源重组优化,民营资本加快进入汽车产业,产业集中度不断提升,中国快速发展成为全球最重要的汽车制造国家之一。

一、优化政策推动汽车产业市场化深度发展

(一)汽车产业政策推动市场化改革

2001 年,中国正式加入 WTO,中国汽车工业既有良好的发展机遇,又面临严峻挑战,同时一些深层次的矛盾和问题也逐渐暴露出来。一是汽车产业投资不足且分散,生产规模小。中国汽车整车厂 126 个,居世界第一,但

产量仅占世界的1/50。二是中国汽车产业大部分被跨国公司所控制和分割，形不成自己的品牌和开发能力，不具备国际竞争力。三是税费负担过重。一方面中国轿车出厂价格大体高于国际市场平均价格的30%以上，另一方面各个地区之间的税费价格又不尽相同。四是汽车品牌销售和服务体系尚未完善。

加入WTO后，中国长期被压抑的汽车消费需求得以释放，汽车产销量迅速增长，汽车产业进入国际化和产销量"井喷"的发展期。国内汽车市场从2001年世界排名第七位，升至2003年的第三位。但是，伴随国内外市场环境的不断变化，影响汽车工业发展的一些深层次问题逐渐暴露出来，车与道路、环境、能源的矛盾日益凸显，已经颁布实施10年的《汽车工业产业政策》已经无法满足产业发展的需求，新政策亟须出台。党中央审时度势，积极规划布局，2004年，制定颁布了《汽车产业发展政策》，替代了原有的《汽车工业产业政策》，成为指导汽车产业发展的总纲领。

为适应不断完善社会主义市场经济体制的要求及加入WTO后国内外汽车发展的新形势，推进汽车产业结构调整和升级，全面提高汽车产业国际竞争力，满足消费者对汽车产品日益增长的需求，促进汽车产业健康发展，特制定《汽车产业发展政策》。通过该政策的实施，使中国汽车产业在2010年前发展成为国民经济的支柱产业，为实现全面建成小康社会的目标做出更大的贡献。

市场成为汽车产业发展的关键因素。《汽车产业发展政策》中重点强调，"坚持发挥市场资源配置的基础性作用与政府宏观调控相结合的原则，创造公平竞争和统一的市场环境，健全汽车产业的法制化管理体系"，为汽车产业改革发展定下主基调。一是产业间协同推进发展。"促进汽车产业与关联产业、城市交通基础设施和环境保护协调发展"，关注汽车产业发展同经济、社会、环境、城市的关系，统筹协调推动汽车产业成为国民经济支柱产业。二是技术发展两条腿走路。"坚持引进技术和自主开发相结合的原则。"引进技术的同时，重视发展自主知识产权的关键技术，形成自主研发能力，积极推动汽车产业自主发展。三是发展优势产业集群。"推动汽车产业结构调整和重组，扩大企业规模效益，提高产业集中度，避免散、乱、低水平重复建设。通过市场竞争形成几家具有国际竞争力的大型汽车集团。"鼓励汽车生产企业按照市场规律组成企业联盟，实现优势互补和资源共享，扩大经营规模。《汽车产业发展政策》解决了中国汽车产业发展面临的消费市场促进、自主品牌发展、投资结构变化的问题。

《汽车产业发展政策》取消了与世贸组织规则和中国加入世贸组织所作承诺不一致的内容，大幅度减少行政审批，该放的放开，该管的管住；依靠法规和技术标准，引导产业健康发展；提出了品牌战略，鼓励开发具有自主知识产权的产品，为汽车工业自主发展明确政策导向。

（二）配套政策日臻完善

入世以后，中国在汽车准入、汽车召回、汽车金融、汽车品牌、二手车、汽车贸易等方面出台了配套政策，推动形成中国汽车产业政策体系。

随着汽车产业改革的不断深入，原有的目录管理已经无法适应市场经济发展的需要。2001年，国家经济贸易委员会对目录管理制度进行改革，通过发布《车辆生产企业及产品公告》（以下简称"《公告》"）的方式对车辆产品进行管理。明确了民用汽车产品及相应底盘、农用运输车、半挂车和摩托车为《公告》管理范围，增加调整强制性检验项目，对整车与底盘产品实行区别管理。《公告》管理有效保证了准入企业的生产条件和产品一致性，促进了汽车产品持续满足安全、环保、节能等强制性标准，对落实汽车产业发展政策相关要求，引导产业结构调整、升级转型、创新驱动起到了重要作用。2003年，《公告》管理职能划入国家发展和改革委员会，2008年又划入工业和信息化部。《公告》管理至今已走过二十多个年头。

建立缺陷产品召回制度。为消除缺陷汽车产品对使用者及公共人身、财产安全造成的不合理危险，维护公共安全、公众利益和社会经济秩序，2004年3月12日，国家质量监督检验检疫总局、国家发展和改革委员会、商务部、海关总署联合颁布《缺陷汽车产品召回管理规定》。《缺陷汽车产品召回管理规定》对主管部门、经营者及相关方的义务和责任、汽车缺陷的报告、调查与确认、主动召回与指令召回管理程序、处罚等都做了具体规定。这是中国第一部真正意义上关于汽车缺陷产品召回管理的行政法规，是在中国汽车产业飞速发展、后市场管理制度亟须完善的实际需要下制定的，对保护消费者的合法权益，敦促汽车经营者提高质量水平，提升全社会诚信水平起到了积极作用，是中国汽车行业市场化管理的一次进步。

规范汽车金融服务。自2003年10月3日起施行的《汽车金融公司管理办法》，是中国履行加入世界贸易组织有关承诺、规范汽车消费信贷业务管理的重要举措，对培育和促进汽车融资业务主体多元化、汽车消费信贷市场的专业化产生了积极和深远的影响，对汽车金融公司的功能定位、出资人资格要求、机构的设立、变更与终止及业务规范等方面提出了监督管理要求,并对违规经营的行为做出了具体处罚规定。

出台汽车品牌销售管理办法。自2005年4月1日起实施的《汽车品牌销售管理实施办法》,着重对实施汽车品牌销售的车型范围和时间,汽车生产企业建立完善的汽车品牌销售服务体系,汽车供应商、经销商的资质条件、设立程序、行为规范,以及政府部门的监督管理等作出了规定。对消费者最关心的服务进行了详细规定,明确各方责任,增加汽车销售经营主体的服务意识,避免汽车经销商相互推诿,便于实现责任追溯。汽车经销商只能将获得授权的品牌汽车直接销售给最终用户,汽车生产商不能直接向消费者销售汽车,消除了不正规的销售渠道,避免了汽车市场的不正当竞争。另外,还要求汽车经销商明码标价,明示并提供汽车质量保证和售后服务内容。

节能环保协同发展。自2006年4月1日起,财政部、国家税务总局调整了消费税的税目、税率及相关政策。其中,汽车消费税首次按低排量低税率、高排量高税率征收,加大了大排量和高能耗小轿车、越野车的税费,相对减轻了小排量车的税费,以鼓励生产和使用节能环保型汽车。此次消费税调整,对促进环境保护、节约社会资源,更好地引导节能环保型汽车的生产和消费具有重要意义。

完善汽车后市场管理。2005年10月1日,商务部、公安部、国家工商行政管理总局和国家税务总局联合发布实施了《二手车流通管理办法》,主要目的是引入竞争机制,支持有条件的汽车经销商等经营主体经营二手车,并规范交易行为。

构建汽车贸易体系。2005年8月10日,商务部发布了《汽车贸易政策》,建立统一、开放和竞争有序的汽车市场,完善汽车品牌销售和服务体系,引导汽车贸易业统筹规划,合理布局,调整结构,积极运用现代信息技术、物流技术和先进的经营模式,推进电子商务,提高汽车贸易水平,实现集约化、规模化、品牌化及多样化经营。

这些制度的构建,有利于推进汽车产业组织结构和产品结构的调整,提升国内汽车生产企业的产品品牌和自主开发能力;有利于建立和完善自主品牌汽车销售和服务体系,促进中国汽车生产企业适应国内外市场竞争的需要,有利于加快推进汽车产品法制化的管理进程,保障汽车消费者的合法权利,推动汽车工业发展与社会使用环境相协调。

(三）产业政策及时调整迎接发展新阶段

2006年发布的《国家发展和改革委员会关于汽车工业结构调整意见的通知》中指出，"十五"以来，中国汽车工业发展跨越了产销量300万辆、400万辆和500万辆的规模，2005年产销量突破570万辆，成为世界上主要汽车生产和消费大国，为国民经济发展做出了重要贡献。

随着汽车市场需求的不断增长，部分汽车生产企业市场预期仍然较高，不断投资扩大产能，导致产能增长超过市场需求增长。这不仅使产能利用率进一步下降，还掩盖了产业组织结构、产品结构、技术结构等方面的矛盾，影响了汽车工业持续、健康发展。具体体现为以下五个方面。

一是产能过剩的苗头已经显现，并有可能进一步加剧。结构性过剩是当时汽车工业产能过剩的基本特点，也是当时汽车工业发展存在的主要问题。

二是主要企业集团自主品牌产品市场竞争乏力，尚未形成规模优势，轿车市场的竞争主要依靠合资企业产品。

三是产品结构调整相对滞后，技术进步和产品结构升级缓慢，对能源供给形成较大压力，也对环境造成较大的负面影响。

四是自主开发能力较弱，过分依靠引进技术发展产品，导致企业效益进一步下降甚至亏损，影响企业的长远发展。

五是国内零部件企业整体配套能力不强，专业化生产水平较低，自主开发和系统集成能力薄弱，跟不上整车开发的步伐。

为了应对国际金融危机带来的巨大影响，推进经济平稳增长，稳定汽车消费，加快结构调整，增强自主创新能力，2009年1月中国出台的《汽车产业调整和振兴规划》是对原来汽车产业政策的再次重大修订，确定了产业结构调整的原则和目标。提出"推进汽车企业兼并重组，加强关键技术研发，加快技术改造，提升企业素质""坚持结构调整，注重发挥市场作用与加强政府引导相结合。利用市场机制和宏观调控手段，推动企业兼并重组，整合要素资源，提高产业集中度，实现汽车产业组织结构优化升级""通过兼并重组，形成2~3家产销规模超过200万辆的大型汽车企业集团，4~5家产销规模超过100万辆的汽车企业集团，产销规模占市场份额90%以上的汽车企业集团数量由目前的14家减少到10家以内"。

《汽车产业调整和振兴规划》提出了汽车产业调整和振兴的八大主要任务，一是培育汽车消费市场，二是推进汽车产业重组，三是支持企业自主创新,四是实施技术改造专项,五是实施新能源汽车战略,六是实施自主品牌战略,七是实施汽车产品出口战略,八是发展现代汽车服务业。

《汽车产业调整和振兴规划》明确了实施自主品牌战略,在技术开发、政府采购、融资渠道等方面制定了相应政策,引导汽车生产企业将发展自主品牌作为企业战略重点,支持汽车生产企业通过自主开发、联合开发、国内外并购等多种方式发展自主品牌。政府不限定自主品牌汽车的发展方式,企业必须将发展自主品牌作为战略重点,防止因自主品牌发展滞后导致产业空心化。中国已经深刻意识到,随着汽车市场规模的扩大,中国应该更加着重培养具有原创能力的本土企业,中国政府从产业政策方面更加清晰、更加直接地鼓励中国汽车企业发展自主品牌。此后,汽车产业发展政策的核心脉络,也正是沿着如何鼓励本土汽车企业发展的路线走下来的。

为了实现《汽车产业调整和振兴规划》的目标和任务,中国又采取了十余项政策措施,包括减征乘用车购置税、开展"汽车下乡"、加快老旧汽车报废更新、清理取消限购汽车的不合理规定、促进和规范汽车消费信贷、规范和促进二手车市场发展、加快城市道路交通体系建设、完善汽车企业重组政策、加大技术进步和技术改造投资力度、推广使用节能和新能源汽车等。

在一系列新政策措施的带动下,2009年,中国汽车产销量止跌回升,走出新一轮强劲增长势头,不仅全年累计产销量双双突破千万辆,更是一举超越美国成为全球第一大汽车市场。

二、国外汽车品牌加速进入中国市场

随着汽车产业环境的不断优化,相关政策的进一步放开,中国汽车市场成为跨国公司竞相合作的对象,国内汽车企业也希望借助国外先进的技术和管理快速发展,合资合作成为当时最热门的需求。

2001年4月,美国福特汽车公司和长安汽车签约成立合资企业,落户重庆,2003年投产,并于2004年完成南京第二基地的建设。2002年8月,中国第一汽车集团有限公司(以下简称"一汽集团")与丰田汽车签署合资合作协议,在天津、成都、长春开展项目建设。2002年8月,东风悦达起亚汽车有限公司揭牌成立,同年10月,北京现代汽车有限公司成立,韩国汽车企业完成了在中国市场的布局。1994年,本田汽车开始在中国市场开展投资项目工作,在完成零部件公司、发动机公司的合资后,2002年,本田汽车、东风汽车集团有限公司完成了对武汉万通公司的改组改造,成立东风本田汽车有限公司，实现了本田汽车国内发展的"三步走"。2002年10月25日，东风汽车集团有限公司与法国雪铁龙汽车公司的合资合作提升为与法国标致雪铁龙集团的合资合作，神龙汽车有限公司同时拥有雪铁龙和标致两个合资品牌；同时，法国标致汽车全面退出广州汽车集团股份有限公司（以下简称"广汽集团"）。2003年6月，广汽集团与丰田汽车签署整车合资合作协议，并于2004年正式成立广州丰田汽车有限公司。2003年，中国汽车工业迈入合资新阶段，6月9日，东风汽车有限公司在武汉成立，当时国内最大规模的中外合资汽车公司宣告成立。这是东风汽车集团有限公司（以下简称"东风集团"）与日本日产汽车株式会社按50∶50股比组建的大型汽车合资企业，注册资本167亿元，是中国第一个拥有全系列的中重型载货车、轻型车、客车和乘用车产品的中外合资汽车公司，这是中国汽车行业规模最大、范围最广、业务领域最宽的合作项目，也是日产公司在海外唯一的全系列产品合作项目，开创了中国汽车合资的又一历史新阶段。此外，豪华车品牌也相继进入中国。2003年5月，华晨宝马注册成立，2003年一期完工，开展宝马3系和宝马5系的生产，2005年完成15300辆产品交付。同年6月，北京奔驰-戴姆勒·克莱斯勒正式成立，生产奔驰E级和奔驰C级，以及克莱斯勒和三菱品牌汽车。最早进入中国市场的大众汽车，也加大了对华的投资力度，2002年4月，上汽集团同大众汽车完成延长合资续约协议。

纵观全球，几乎所有世界级跨国汽车制造企业都在中国设立了合资企业，国际汽车企业的竞争转移到了中国市场，合资汽车企业的竞争也从争夺合资资源转移到产品与市场的竞争，并将中国汽车工业的对外开放推升到了良性循环的新阶段。随着市场地位的不断提升，以及国内需求的日益增加、市场的多样化，汽车市场的竞争日趋激烈，国际汽车巨头不断将新车型和新技术导入中国市场，促进了汽车市场的繁荣。同时，各跨国汽车公司纷纷在中国设立研发中心，加大研发投入力度，更好地实施本地化策略，满足中国市场更新换代的快速需求，中国相关政府部门也在积极推动合资汽车公司设立研发中心，以提高中国本土汽车产业的开发能力。

三、国内汽车产业加快资源重组整合

2002年6月14日，一汽集团与天津天汽集团有限公司（以下简称"天汽集团"）签署战略重组协议。一汽集团与天汽集团的联合重组是国内大集团之间的合作，也是当时中国汽车工业发展史上最大、最具影响力的一次联

合重组。通过重组，天汽集团将其持有的夏利总股本的 50.98%和下属华利公司 75%的中方股权转让给一汽集团，通过重组，一汽集团获取了天汽集团小排量轿车的生产能力，双方集中优势资源做强全系列轿车主业，提高国企竞争力。

上海通用积极通过资产重组解决产能问题，实现低成本扩张。2003 年，上海通用收购烟台车身有限公司，并与山东大宇发动机项目实施重组，成立上海通用东岳汽车有限公司，形成了 24 万辆汽车的生产能力，项目的实施也盘活了烟台整车与发动机资产。照搬"烟台模式"，2004 年，上海通用又完成了对金杯通用的重组，成立上海通用（北盛）汽车有限公司，通过技术和管理导入，完成了对金杯通用的激活，形成北盛基地 20 万辆的生产能力。2005 年，上海通用年销量突破 30 万辆，位列国内同级第一。

地方企业积极布局轿车产业，助推自主品牌汽车发展。为了取得生产资质，2001 年 1 月，奇瑞将 20%股份划归给上汽集团。当年，奇瑞汽车产量超过 2.8 万辆，是 2000 年的 14 倍。2003 年 5 月，经典车型奇瑞 QQ 上市，迅速赢得了年轻消费者的青睐。2003 年 7 月，上汽集团从奇瑞退股。2007 年 8 月 22 日，奇瑞第 100 万辆汽车下线，成为中国第一个累计产量突破百万辆的自主品牌。2002 年 6 月，柳州五菱汽车与上海汽车工业集团、美国通用汽车成立了三方合资的上汽通用五菱汽车股份有限公司（简称"上汽通用五菱"），创造了中外合资的新模式。同年 11 月，首款车型五菱之光问世。2009 年，上汽通用五菱成为国内首家年度产销量突破 100 万辆的单一车企。

2004 年，国务院国有资产监督管理委员会批复了中汽总公司持有的上海大众 10%股权全部划转上汽集团，2007 年 12 月 1 日，发布公告，中汽总公司撤销，上汽集团圆满完成了对中汽总公司的重组。

四、民营企业造车进入快车道

2004 年修订出台的《汽车产业发展政策》明确指出，坚持发挥市场配置资源的基础性作用与政府宏观调控相结合的原则，创造公平竞争和统一的市场环境，健全汽车产业的法制化管理体系。国家逐步打破了准入限制，规范了产业政策，"三大三小"的格局被打破，提倡公平贸易和公平竞争，消除区域分割和行政垄断，推动构建全国统一开放的竞争市场。国有汽车企业通过合资合作等灵活方式，建立了国有企业现代企业制度，完成了体制转型，提高了市场竞争能力，为中国汽车工业快速发展奠定了坚实基础。汽车生产目录放开后，短短几年，国内涌现许多新的本土汽车品牌，吉利、长城、力帆等自主品牌迅速发展。

2001 年 11 月，吉利正式获得生产资质，成为中国首家民营汽车企业。其后短短几年，吉利成功研发并投产九大系列车型，成为国内轿车制造业"3 + 6"格局的重要成员。以皮卡起家的长城汽车在国内皮卡领域占据霸主地位后，2002 年，开始又瞄准了 10 万元以下经济型 SUV 市场的空白，2003 年，长城首次荣登国内 SUV 市场销量冠军宝座。依靠电池业务起家的比亚迪，2003 年 1 月，通过收购秦川汽车进入汽车制造业。2005 年 9 月，比亚迪推出了以自己品牌命名的首款车型 F3，一经问世便为比亚迪打开了市场。2005 年 5 月，第一辆东风小康微型面包车上市，当年销量突破 1 万辆。2008 年，东风小康跻身中国微车行业前三甲。2003 年 8 月，力帆集团收购重庆专用汽车制造厂，成立了重庆力帆汽车有限公司。2005 年 10 月，十六届五中全会明确提出鼓励自主创新，力帆汽车此后获得了汽车生产准生证，成为新汽车产业政策实施后第一个获得生产资质的自主品牌。

第五节　轿车进入家庭，私人汽车消费进入快车道

一、发展家庭轿车的重大决策开启轿车进入家庭新纪元

改革开放前，中国汽车产品资源匮乏、品种单一、货车缺重少轻、轿车近乎空白，结构非常不合理。20 世纪 60、70 年代，因生产、建设的需要，国内汽车主要以中、重型载货汽车和越野汽车为主。1978 年以前，汽车产品仍然是作为生产资料进行计划分配，私人汽车的数量几乎为零。改革开放初期，虽然国家已经支持"三大三小"开始生产轿车，但家用轿车仍被看成是奢侈品，轿车家用属于"资产阶级生活方式"。因此，对轿车进入家庭产生了巨大的争议，当时国内甚至开展了轿车进入家庭的大讨论，此外，相关讨论还主要集中在人口众多、资源短缺、收入过低、环保压力等方面。有人认为应当走一条与西方国家不同的道路，主要发展公共交通，不应鼓励轿车进入家庭。也有不少人认为，放松对私人轿车的管制，可以推动中国汽车工业的发展，同时带动相关产业，对中国经济具有巨大的推动作用。

江泽民同志就此作出重要批示，"关于汽车工业是不是支柱性产业，不要再'公说公有理，婆说婆有理'，请国务院、国家计划委员会认真研究，包括轿车进入家庭的问题也一并研究，拿出意见。"经过充分的讨论，政府部门、

理论界、企业界和社会大众的观点逐渐凝聚到了一起，一致认为发展家庭轿车才是中国汽车工业发展壮大的支点所在。1994 年，《汽车工业产业政策》的发布，明确了以轿车为主的汽车发展方向，首次提出鼓励汽车消费，允许私人购车。第一次正式认可了在中国私人购买汽车的合法性，"发展家庭用轿车"被定为国策，这是具有里程碑意义的一项重大决策。

2000 年 10 月，十五届五中全会审议通过《中共中央关于制定国民经济和社会发展第十个五年计划的建议》，其中有这样一句话，"要大力发展公共交通、鼓励计算机、轿车进入中国家庭。"在中共中央的历次会议中，这是第一次提出鼓励轿车进入家庭，中国居民轿车消费迎来了更快发展的新时期。

2001 年 3 月 15 日，第九届全国人民代表大会第四次会议批准了《国民经济和社会发展十五计划纲要》（以下简称"《纲要》"），《纲要》明确提出改善人民生活，要"拓宽消费领域""在提高居民吃穿用等基本消费水平的基础上，重点改善居民居住和出行条件""鼓励轿车进入家庭"。其中包含三层意思，一是明确了轿车作为家庭耐用消费品的社会商品属性，对转变人们消费观念具有重要的指导意义和现实意义；二是指明了轿车工业的发展方向，明确了以进入家庭为主的产品市场目标，对轿车生产经营企业提出更高的要求，以满足日益增长的市场需求；三是确立了国家的政策导向，是鼓励而不是限制。鼓励就是提倡，鼓励就是支持，鼓励就是引导；要在鼓励的前提下，积极倡导和促进轿车进入家庭。

这是新中国成立五十余年来官方文件中第一次明确"轿车进入家庭"这样的提法。2001 年也被认为是"中国轿车进入家庭元年"。发展家庭轿车重大决策的执行效果是促使轿车大规模进入家庭，满足人民群众日益增长的物质和文化需要，这与党的指导思想是相统一的。

二、国家经济发展，人民收入增加，促进家庭轿车普及化

根据世界银行的研究，当人均国民收入达到 500 美元时，轿车开始进入家庭，当人均国民收入达到 1000 美元时，轿车进入家庭的速度加快，而当人均国民收入达到 1000~2000 美元时，家庭轿车拥有量增长进入高峰期。改革开放促使中国经济高速发展，20 世纪 90 年代以后，中国对外开放由沿海城市扩展到内地，社会主义市场全面搞活，中国经济高速发展，连续赶超新加坡、马来西亚和韩国。2010 年，中国的 GDP 增长率创下 10.6% 的高值，经济总量达到 41.3 万亿元，首次超过日本，成为世界第二大经济体。

中国汽车工业现代化发展

国家统计局统计数据显示，2001年，中国人均GDP为8622元，按当年美元汇率1美元等于8.27元人民币计算，2001年，中国人均GDP为1042美元。按照人均GDP评估，中国已处于轿车进入家庭的初始阶段。由于中国地域辽阔，各地经济发展极不平衡，差距很大，2001年，中国人均GDP超过1000美元的省市共有10个，总人口为50937万人，超过中国当年全部城镇总人口。这意味着，2001年，中国全部城镇人口理论上都已达到了轿车进入家庭的初始阶段。随着中国经济的高速增长，到2012年，中国人均GDP达到了6100美元，为轿车大规模进入家庭创造了良好的经济条件。

2001年，政策与收入两个基本条件已成熟，再加上中国加入WTO的助推，汽车市场大举对外开放，带动了国内汽车产业的迅速发展。国家又出台了一系列鼓励轿车进入家庭的政策，长期以公车消费为主的轿车市场转变为以私人消费为主的轿车市场，私人购车成为轿车市场消费的主流，中国开启了轿车进入家庭的新时代，轿车逐渐进入千家万户，从奢侈品变成了代步工具。国家统计局统计数据显示，1990年，中国民用汽车保有量仅为554万辆，其中私人汽车保有量为82万辆，占14.8%。在这82万辆私人汽车中，58万辆是载货汽车，只有24万辆是载客汽车，而在载客汽车中，有相当数量是微型面包车，真正的私人轿车寥寥无几。2001年，全国汽车保有量为1802万辆，其中私人汽车保有量为771万辆，私人轿车不过一、两百万辆。而到了2003年底，中国私人轿车保有量达到430万辆，两年时间私人轿车保有量增加两倍左右。此后，汽车消费开始向个人消费转变。

同时，国家积极兑现加入WTO的承诺，汽车进口关税逐步递减，至2010年，中国入世的降税承诺基本履行完毕，汽车及零部件的平均进口关税水平为13.4%，在世界发展中国家中处于中低水平。相当幅度降低汽车进口关税，促使更多世界知名汽车企业以贸易和投资的方式积极进入中国市场，使中国成为世界竞争最激烈的汽车市场之一，同时倒逼中国汽车产业加速转型升级。关税大幅下降以后，国内汽车销售价格也开始大幅下降，极大地加快了汽车进入家庭的步伐。

从2002年开始，以个人消费为支撑，中国汽车产业保持了近10年的高速增长，从2002年到2010年，汽车产销量年均递增20%以上，私人轿车保有量增速更是达到30%左右，其中上海通用生产的别克赛欧轿车成为中国轿车进入家庭的首个标志性产品。2002年，中国汽车产销量仅为325万辆，2010年，中国汽车产销量超过1800万辆。2010年，国民经济统计公报指出，截至2010年底,全国民用汽车保有量达到9086万辆(包括三轮汽车和低速货车1284万辆),其中私人汽车保有量为6539万辆,民用轿车保有量为4029万辆,其中私人轿车保有量为3443万辆(见图3-1),私人购买轿车比例超过85%。家庭轿车呈现爆发式增长,而2010年,中国GDP总量排名世界第二,人均GDP达到4382美元。中国经济的快速发展,成为催生轿车快速进入家庭的重要因素。

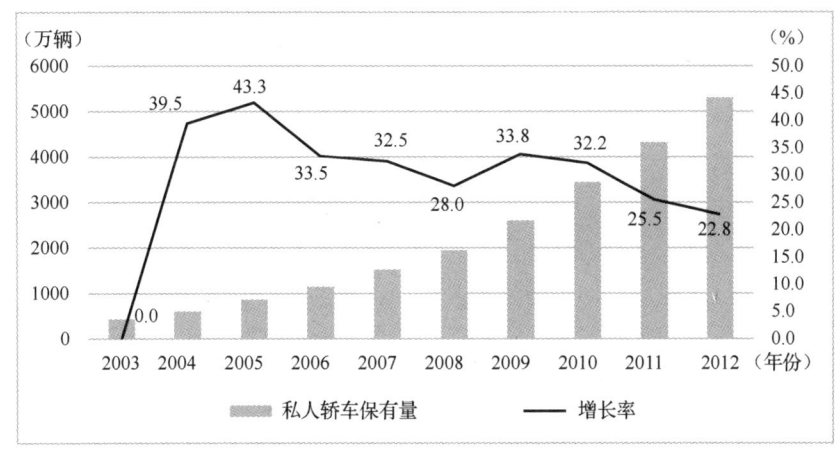

图3-1 轿车进入家庭状况

三、政策法规护航,保障家庭轿车消费

为了促进汽车工业和轿车消费市场的发展,国家陆续出台了一系列配套政策。汽车工业"十五"规划的公布,使1.3升以下、售价8万元左右的经济型轿车,成为轿车发展的重中之重。2000年11月颁布的《中华人民共和国车辆购置税暂行条例》,取消了原有的车辆购置附加费。从2001年7月1日起,国家取消了238项车辆收费。一些省市取消了社控费、增容费等项目,这对当地汽车市场产生了积极的促进作用。2001年7月,国家计划委员会讨论《汽车消费政策(征求意见稿)》,在全国引起广泛关注。国家计划委员会在征求意见稿中提出的目标是取消对汽车消费的各种不合理限制和不合理收费,促进汽车私人消费的增长,"在10年内实现当年汽车销售的70%为私人购买",同时创造良好的汽车使用环境。2001年10月1日,国家开始施行新的机动车登记管理办法,不仅促进了汽车消费,而且使以旧换新业务成为可能。2004年10月1日实施的《汽车贷款管理办法》,对规范汽车消费信贷业务、促进市场发展具有极其重要的积极作用,是汽车消费信贷业务健康发展

的基础和保证。同时国家改革收入分配制度，实现市场化调节，增加人民收入，为轿车进入家庭提供了经济基础。国家积极稳妥推进公车改革，实现福利收入货币化，引导公车开支转变为私人购车的需求。银行、保险公司和经销商联手，共同承担风险，扩大汽车消费信贷，支持私人购买汽车。实行与汽车消费的配套改革，如银行贷款、维修保养，申请牌照手续简化等，加快解决道路不畅、车位紧缺、油站供应等难题，以吸引广大群众加入购车行列。与此同时，国家成功推行了成品油税费改革、增值税转型改革、车船税改革、个人所得税改革、资源税改革等一系列税制改革，为汽车消费创造了良好的条件。政策法规的护航，不仅给予中国汽车工业的发展以强大的助力，而且也让汽车消费市场显著活跃了起来。

四、百车齐放，繁荣家庭轿车消费市场

加入 WTO 以后，中国汽车工业更加开放，几乎所有世界级汽车制造企业都在中国设立了合资企业。国内的民营汽车企业、地方国有汽车企业，以及大型汽车企业集团都得到了充分的发展，中国变成了名副其实的汽车制造大国。

随着轿车进入家庭，各汽车企业的布局也发生了巨大的变化，聚焦到人民群众对家庭出行的需求上来。重点布局经济型家用轿车，造老百姓买得起的好车。虽然国家政策支持、百姓收入增加给轿车进入家庭创造了最基本的条件，但在 2001 年前，国产轿车价格高是一个不争的事实，比如国产中高档轿车价格要比国外售价高出一倍，普通型轿车的价格都在 15 万元左右。如上海通用生产的别克轿车的国际市场价格是 2 万美元，而国内价格最高达 37 万元。与收入水平相比，中国轿车的价格是最高的。这无疑与消费者的实际收入和期待有着巨大差距，这也是当时的汽车公司面临的主要挑战。2001 年，上海通用推出赛欧，其拥有 10 万元以下的价格，配置不输富康、捷达、桑塔纳。赛欧经济实用，成功启动了小型家用轿车市场，其上市仅一年，销量就超过 5 万辆。中国家庭入门级轿车从 10 万元起步的概念得到了市场的认同。此后，各汽车公司都推出了配置相对先进的经济型家用轿车，吉利、奇瑞、夏利、富康、捷达都推出了 10 万元以下车型，奇瑞轿车售价仅为 8.8 万元，吉利更是推出了不到 4 万元的车型，满足了消费者的心理预期，激发了普通家庭的消费需求。购车已经进入普通家庭的计划，这是中国汽车市场最明显的变化。

产品品种多样化，充分满足消费者差异化需求。2001年前，最常见的车型是红旗、夏利、捷达、富康、桑塔纳，随着国外汽车品牌如潮水般涌入，以及自主品牌相继崛起，各汽车公司不断推出新产品，车型数量逐渐增加，数不胜数。从2001年开始，轿车新品种出现了前所未有的"井喷"。从赛欧、夏利2000上市销售，到奇瑞、英格尔、羚羊下线，再到宝来、毕加索，以及POLO、派力奥、奥德赛等，令人眼花缭乱。捷达、富康、桑塔纳已经被认为是过时的"老三样"。据统计，2002年，在中国上市的轿车品种不到40种，而2012年，中国市场有超过200种汽车销售。相比此前那几款多年不变的老车型，突然喷涌而出的各色新车型，让消费者为之振奋，消费需求得以完全释放。

从轿车进入家庭开始，只用了短短十余年的时间，中国汽车的年产销量就超越了美国，成为全球第一大汽车消费国并保持至今。

第六节 自主品牌加速崛起，逐渐被大众接受

中国汽车自主品牌的发展，离不开党和国家领导人的关心重视，离不开国家政策的大力支持。2005年，胡锦涛同志到东风汽车集团股份有限公司视察时，勉励东风汽车集团股份有限公司要坚持以市场需求为导向，以科技创新为动力，突破更多关键核心技术，研发更多新型汽车产品，努力实现从量的增长向质的跨越转变，为提升我国汽车工业发展水平再立新功。2008年初，胡锦涛同志在视察奇瑞汽车有限公司时指出，"你们企业发展壮大的实践充分表明，自主创新是企业竞争力的核心。要成为一流的企业，关键是要培育一流的自主品牌。"

一、自主品牌版图与格局

中国乘用车自主品牌分为以一汽、东风、长安为代表的央企，以上汽、奇瑞、江淮等为代表的地方国企，以及以长城、吉利、比亚迪等为代表的民营企业三大方阵。起初，央企、地方国企占据绝对优势，2005年以来，随着产业的发展和形势的变化，民营企业呈现出越来越强大的竞争力和生命力。中国商用车自主品牌的市场占有率与乘用车自主品牌的市场占有率相比有较大不同，特别是大中型客车和货车，以宇通、金龙、解放、东风、重汽、陕汽等自主品牌为代表，市场占有率持续提高，目前已经占据了市场90%以上的份额。

中国汽车工业现代化发展

大型国有汽车集团利用合资合作的管理经验和技术打造自主品牌。2006年,一汽借用马自达平台技术,研制并投放奔腾品牌;在全国40个城市同步上市,它不仅填补了国内中高级轿车市场自主品牌的空白,同时也实现了国内汽车工业"技术和品质"的大幅跨越。东风汽车集团股份有限公司于2007年成立东风乘用车事业部,推出自主品牌——东风风神,接下来又逐渐推出东风风行、东风风度、东风风光,以及东风启辰等自主乘用车品牌。东风集团技术研发经历了从借用平台向自主研发的跨越,显示了后来居上的良好发展态势。中国长安汽车集团有限公司(以下简称"长安集团")在完善微车品牌系列产品的同时,在2006年首次推出自主品牌轿车的品牌标识。同年11月,由长安集团自主研发的轿车长安奔奔在北京国际车展正式亮相上市,不到一个月的时间接到的订单超过1万辆,在经济型轿车领域树立了新的性价比标杆。"十五"期间,自主品牌建设开始成为上汽集团的首要发展战略。2004年,上汽集团收购英国罗孚汽车公司(以下简称"罗孚")的知识产权。2006年2月,专司自主品牌的上海汽车别克有限公司成立(后更名为上海汽车集团股份有限公司乘用车分公司)。2006年10月,荣威品牌和首款车型750轿车诞生。2007年12月,上汽集团与跃进汽车集团有限公司(以下简称"跃进集团")全面合作,成为中国汽车工业战略重组的重要里程碑,名爵品牌进入上汽。2010年,上汽集团轿车自主品牌年销量达到16万辆。

在地方国有企业中,奇瑞汽车是较早发展自主品牌的企业之一。1999年,奇瑞开始生产第一辆轿车,其拥有奇瑞、瑞麒、威麟、开瑞四个子品牌。2006年,奇瑞借助小型化的政策优势,率先得到发展,奇瑞QQ成为市场热门产品。奇瑞汽车采取低价入市(奇瑞QQ于2003年6月以2.66万元入市)的策略,为早期在合资品牌一统天下的局面中抢占市场份额发挥了重要作用。2010年12月,广汽推出了传祺品牌,首款车型GA5上市,广汽乘用车已实现轿车、SUV、MPV全矩阵产品均衡发展。江淮汽车是2004—2005年连续两年在汽车工业十强中没有轿车板块的乘用车企业,其主打的江淮瑞风2005年销量为31516辆,喜获年度MPV销量总冠军,市场占有率达到24%,同比增长30%。

吉利是中国民营车企的代表之一,2001年11月9日,国家经济贸易委员会发布的第六批《车辆生产企业及产品公告》,明确了吉利是国家汽车定点生产基地的地位。吉利优利欧的问世,打破了吉利惯用的"模仿"的尴尬,整车设计可圈可点。三厢的整车造型,打破了吉利只有两厢车的单一局面。

随后，震惊国内外的"中国第一跑"吉利美人豹也诞生了，这款车型是由意大利设计公司操刀，整车外形极富动感。2006 年，吉利汽车加快了新车的推出步伐，这一年吉利金刚和吉利远景陆续发布上市，这两款车型的发布标志着吉利的造车水平迈上了一个新台阶，产品质感有了大幅度的提升，其中吉利远景车型搭载的 1.8L CVVT 发动机拥有自主知识产权，代表了当时自主汽车 CVVT 发动机的较高水准。2007 年，吉利作出战略转型的决定，开始从单纯的成本领先向技术先进、品质可靠、服务满意全面发展转型，将原来的"老三样"——豪情、美日、优利欧的生产线全部淘汰，新建了远景、金刚、自由舰的生产线。此后，吉利发展势头良好，特别是成功收购沃尔沃和全球第二大自动变速箱公司澳大利亚自动变速器公司（Drivetrain Systems Inter-national，DSI）等，为其长远发展奠定了坚实的基础。

长城汽车成立于 1984 年，一个汽车改装厂依靠整合垂直产业链的战略迅猛发展。在乘用车领域，2002 年 5 月，长城赛弗在北京上市，经济型 SUV 引爆了中国 SUV 市场，产品供不应求。在北京的车管所，当时每天几十台长城赛弗来上牌。2005 年，哈弗 CUV 上市，跨界之星，好评如潮；2006 年，长城汽车总销量为 8.6 万辆，远低于吉利的 20 万辆和奇瑞的 30 万辆，但其净利润 6.85 亿元是最高的。2008 年，长城汽车决定放弃轿车，专注于 SUV。2011 年，神车哈弗 H6 上市，当年其销量为 14.66 万辆，成为销量最好的 SUV 车型，哈弗真正坐稳了 SUV 王者的宝座。长城汽车在国际、国内两个市场保持领先优势，成为自主品牌中的佼佼者。

比亚迪于 2003 年收购当时的秦川汽车进军汽车行业，成为继吉利之后国内第二家民营轿车生产企业。在成立之初的两年里，比亚迪只推出福莱尔一款车型。当时比亚迪以"经济型精品家轿"的概念将其推出，主攻 5 万元以下的低端市场。第一款真正为比亚迪打开汽车市场的 F3 车型在 2005 年诞生，其最大亮点就是性价比高、空间宽敞、外形大气时尚、高配车型配置丰富，这些优点使比亚迪 F3 在刚上市时就被消费者疯狂地追捧。2006 年，比亚迪 F3 的销量节节攀升，以半年销售 32500 辆现车的成绩巩固了其在中级车市场的领先地位。同年，第一款搭载磷酸铁锂电池的 F3e 电动车研发成功。比亚迪从早期追求规模到现在追求质量，注重新能源汽车技术研发，其新能源汽车产销量连年在国内自主品牌乘用车市场独占鳌头。

二、自主品牌发展取得的成就

经过几十年的发展,中国汽车自主品牌经历了从无到有、从小到大,在产销规模、研发能力、产品质量等方面都取得了重大成就。

一是产销规模快速增大。 2001—2010 年的短短十年时间,中国自主品牌汽车取得的成绩有目共睹,令人振奋。2010 年,自主品牌乘用车市场份额已达到 45.6%。与此同时,中国汽车工业打造了全球化的竞争舞台,形成了国际化的消费市场。在中国成为巨大的消费市场的同时,也为全球车企打造了充分竞争的舞台,全球汽车品牌云集中国,中国品牌也在不断发展壮大。自主品牌商用车的产销量占全球的比重较高,其中,中重型卡车的产销量占全球比重最高时接近一半,最低时也占全球三成以上。

二是研发能力不断提升。 通过海外技术收购、自主研发、对标开发等手段,自主品牌在整车研发、平台打造、关键动力总成技术等方面取得了一定成果。2003 年,长安汽车成立意大利设计中心,开启了长安汽车全球研发布局和自主品牌乘用车全球研发的探索之路。从过去的模仿走向正向设计,中国汽车企业在技术研发方面迈向新的高度。从造车能力方面来看,中国汽车工业也经历了不平凡历程,从引进消化吸收、合资合作,到国产化、自主创新,在技术方面迅速提升,造车技术、产品技术逐渐和国际接轨。在产业转型升级过程中,新能源汽车的核心技术和产品完成了布局,5G 基础设施和互联网平台为汽车智能化插上了翅膀。

三是产品质量水平显著提高。 以 IQS(新车质量调查得分)为例,自主品牌与合资品牌的质量差距逐年缩小,部分自主品牌已超越众多合资品牌。

四是新能源汽车取得重大进展。 2009 年,胡锦涛同志提出,发展新能源汽车代表了世界汽车业发展方向,也符合我国国情,是一个具有战略意义的重要举措。一方面,要加强新能源汽车技术研发,推动新能源汽车尽快实现实用化、产业化、规模化。另一方面,要制定鼓励消费政策,完善服务网络,为推广使用新能源汽车创造有利条件。这些都为新能源汽车的推广使用创造了良好的条件和发展环境。

五是"走出去"战略初见成效。 2010 年,中国汽车自主品牌开始出海,收购或者兼并国外品牌。中国汽车自主品牌已经出口全球 200 多个国家和地区,出口销量逐年增长,出口企业逐年增多。同时,海外并购日趋活跃,自主品牌在全球的影响力不断提高。

六是自主品牌企业管理能力迈上新台阶。通过学习合资品牌经验和实践积累，自主品牌在战略及运营管理、网络渠道管理、品牌管理、服务体系建设、供应链建设等方面积累了一定经验，初步形成了全价值链业务能力。

三、自主品牌积极"走出去"，广泛参与国际市场竞争

（一）积极开拓海外市场，培育国际市场竞争能力

改革开放之初，以二汽为代表的整车企业开始逐步拓展海外市场。1982年，二汽向苏丹出口了130辆汽车。随着改革开放的不断深入，国产汽车由小订单式出口逐渐转变为规模化出口。2000年，中国整车出口近2.3万辆。加入WTO后，中国汽车企业通过技术引进，不断改造老产品，开发新产品，了解不同地区的消费者需求、培育销售渠道、提高品牌形象，国际市场地位与日俱增，产品出口快速增长。2012年，中国汽车整车出口首次突破100万辆，奇瑞和吉利均超过10万辆。除了整车出口，国内车企开始在海外建设生产基地，面向当地消费者生产本地化产品。

2004年9月，中国四家汽车企业——长城汽车控股公司、东风集团、奇瑞汽车有限公司和广州华南摩托车工业有限公司签订协议，共同在非洲加纳与当地大型企业Sneda汽车有限公司合资建立汽车生产基地，以全散件形式生产卡车、摩托车、轿车、皮卡和旅行车。这是国内汽车企业首次集体在海外设厂，此举开创了国内汽车制造业进入西非之先河。奇瑞、吉利、长城等国内车企相继"走出去"，开启海外建厂新征程，奇瑞在2001年底就与伊朗SKT公司确定了合作关系，在2003年正式建成一家CKD工厂。2012年，奇瑞海外工厂的数量已经发展到了17家，吉利海外工厂遍布白俄罗斯、英国、埃及、乌拉圭，以及印度尼西亚等地，长城拥有保加利亚、突尼斯、厄瓜多尔、伊朗，以及马来西亚多个工厂。中国车企充分利用自主品牌与资本优势，参与海外重组并购。加入WTO以后，中国汽车工业迅速崛起，技术、资本、管理经验得到了一定的积累，为获取更先进的技术、得到更好的发展，以及打开国际市场、扩大自主品牌在国际上的知名度与美誉度，中国企业开始了海外并购之路。2004—2005年，上汽、南汽先后与罗孚汽车公司谈判收购。其中，罗孚的核心技术产权卖给了上汽，生产线、发动机生产分部，以及MG品牌卖给了南汽。2007年，南汽并入上汽，名爵完全归于上汽。

2006年10月，上汽自主品牌荣威正式发布，推出了基于罗孚75平台核

心技术开发的首款车型荣威750。2009年，奇瑞收购了伊朗莫迪兰汽车制造有限公司多数股权，建成了10万辆整车制造工厂，以及主要零部件配套的汽车产业园。2010年8月，吉利控股集团正式完成对美国福特汽车公司旗下沃尔沃轿车公司的全部股权收购，沃尔沃由此成为吉利旗下的汽车品牌。吉利与沃尔沃的合作发展，在把沃尔沃更好地带入中国这个全球最大新兴汽车市场的同时，也将吉利的发展推向了一个新高度。2012年10月，东风汽车集团股份有限公司成功收购瑞典T Engineering AB公司（以下简称"瑞典T公司"），主要研究内燃机、混合动力和电动车、传动系统和底盘的控制系统，这是国内车企收购国外技术研发公司的成功案例。

（二）建立海外技术研发中心，提升自主创新实力

为了获取发达国家先进的汽车信息、技术、人才资源，增强自主品牌的竞争力，国内企业开始在海外建立技术研发中心。长安汽车于2003年起分别在意大利都灵、日本横滨、英国诺丁汉、美国底特律等地建设了研发中心，2011年，长安汽车"五国九地、各有侧重"的全球研发布局基本形成。2007年，上汽购得名爵的知识产权之后，就在英国伯明翰成立了一家汽车设计中心，作为上汽全球设计总部，负责名爵（MG）和荣威品牌车型的设计和研发工作。江淮汽车于2005年在意大利都灵设立了第一家海外设计中心，2006年在日本东京设立了第二家独立设计中心。中国车企纷纷在海外设立研发基地，这不仅标志着中国汽车企业的国际化战略已经向纵深领域拓展，还通过与先进国家的汽车企业近距离接触，吸引海外更多高层次研发人员的加入，提升国际竞争力。海外设计中心与国内研发中心协同发展，有力推动了企业自主创新。这对中国汽车工业持续上行，并赢得更多国际市场提供有力支撑。

国内汽车产业无论是产销规模、自主品牌建设、对外贸易，还是产业结构调整等都获得了重大进展，取得了令人瞩目的成就，这得益于良好的政策和市场环境。通过政府、行业、企业的共同努力，汽车产业得以快速发展。实践证明，中国汽车市场开放后，不但没有遭遇"灭顶之灾"，反而发展成为产销量达到世界第一的规模，汽车产品生产制造和设计研发水平与发达国家相比，差距进一步缩小。

四、自主品牌发展的瓶颈与挑战

经过几十年的发展,中国自主品牌汽车取得了长足的进步和巨大的成绩,包括央企、国企、民营和合资多种混合体的运营模式,都按照各自的轨迹和方式朝着同一个方向努力前行,为中国的汽车工业发展贡献自己的力量。

这个时期,无论是生产制造还是销售,中国都是汽车大国,但还不是汽车强国,原因主要包括以下几个方面。

一是技术积淀仍然不够。中国在一穷二白的基础上借鉴苏联的汽车技术生产出了解放牌汽车,后来以聚宝的方式生产出东风汽车,再后来在改革开放和合资合作的基础上生产出自主品牌乘用车,但关键核心技术与世界先进水平还有一定距离,技术的原创能力还不够强,囿于关键技术与核心资源的制约,在汽车"三大件"上还无优势可言,目前在产品设计、研发、制造等方面更多的是"跟跑者"角色。

二是缺乏有竞争力的无形资产。首先,中国对创立自主品牌缺乏自信。这种观念使中国自主品牌的发展受到抑制。吉利总裁李书福曾经讲过这样一个例子:"吉利刚刚进入汽车领域时,有人担心吉利造不出汽车;等到我们造出了汽车,又有人担心吉利拿不到生产许可证;等我们拿到了生产许可证,担心又变成了吉利汽车质量不好;等吉利汽车的质量被消费者接受后,又担心吉利造车不赚钱;如今,吉利实现了盈利,又开始担心吉利生存不了几年……总而言之,就是不相信中国人能把汽车干好。"缺乏信心、缺乏品牌认同正是中国自主品牌发展过程中的最难之处。其次,中国企业缺乏打造品牌的经验。由于没有在对竞争对手、消费者等进行认真调查和分析的基础上进行准确的市场分析和定位,且没有采用有针对性和特色的营销战略,因此品牌缺乏个性,品牌规划单一,宣传战略贫乏。

三是零部件产业链不强。只有汽车零部件越做越强,尤其是关键零部件(如发动机、变速箱、车身、车架等研发制造水平和能力),才能支撑起汽车产业由大变强。从汽车产业发展历程看,每一次的技术进步和产业升级,都是整车企业和零部件企业密切配合的结果。整车企业在技术集成上功不可没,但是核心技术却大多出自零部件企业。而从我国的情况看,整个汽车行业对零部件产业的关注度和投入度都明显不足。

四是技术研发人才匮乏。中国虽然在汽车制造、销售、管理等方面培养了一大批人才,但在产品规划、技术研发、市场运营等方面的人才,与德国、日本、美国等汽车强国相比，仍有较大差距。不论是视野观念、体制流程、前沿技术，还是管理水平、品牌打造、品质把控等方面，中国汽车工业还有很长的路要走，特别是高精尖技术人才亟须加大引进和培养，形成完善的人才梯队，为中国汽车行业由大变强提供坚实的人才保障。

第七节 锚定电动化，新能源汽车起步

一、新能源汽车的推广发展亟待提上日程

面对日益增长的能源和环保压力，众多专家认为发展新能源汽车是应对能源与环保问题的解决之道，也是中国汽车工业崛起的机遇。2001年，中国在"十五"期间启动了"863计划"国家新能源汽车重大科技专项，明确了能源安全、污染防治、产业发展的目标，旨在通过技术创新引领中国汽车工业占领新能源汽车产业的制高点。从2001年起，"863"项目共投入20亿元研发经费，形成了以纯电动、油电混合动力、燃料电池三条技术路线为"三纵"，以动力蓄电池、驱动电机、动力总成控制系统三种共性技术为"三横"的新能源汽车研发格局，组成了以市场为导向、企业为主体、产学研相结合的研发基础。2004年，中国制定的《汽车产业发展政策》明确指出，汽车产业要结合国家能源结构调整战略和排放标准的要求，积极开展电动汽车、车用动力电池等新型动力的研究和产业化。

2003年11月8日，科学技术部在武汉举行国家电动汽车运行示范城市（武汉）启动仪式，由东风电动汽车股份有限公司研发制造的14辆混合动力公交车样车投放武汉市公交市场运行，在国内率先启动了电动汽车示范运营。

进入21世纪，经济危机和能源紧缺成为影响全球发展的制约因素，作为发展中国家，中国经济的发展对传统能源的依赖度较高。2006年，国家颁布了《国家中长期科学和技术发展规划纲要（2006—2020）》，该纲要明确把发展非化石能源作为推进能源结构多元化的重要手段，交通能源的转型和动力系统的变更需要加快推动新能源汽车的发展。2007年11月1日，中国正式实施了《新能源汽车生产准入管理规则》，对企业生产资格、产品管理等作出了规范，这是国家鼓励新能源汽车市场化的开端。2009年，国务院发布的《汽车产业调整与振兴规划》，首次提出了大规模发展新能源汽车的目标。面对日益增长的能源需求压力，适应我国能源发展战略转型，新能源汽车的推广发展亟待提上日程。

二、"十城千辆"拉开发展序幕，国家战略带来资源力量

为加快电动汽车技术的应用，国家启动了科技成果产业化"财政-科技联动"的新机制。2009 年，科学技术部、财政部、国家发展和改革委员会、工业和信息化部共同启动"十城千辆节能与新能源汽车示范推广应用工程"（以下简称"'十城千辆'工程"）。"十城千辆"工程计划用 3 年左右的时间，每年发展 10 个城市，每个城市推出 1000 辆新能源汽车开展示范运行，涉及这些大中城市的公交、出租、公务、市政、邮政等领域，到 2012 年，力争使全国新能源汽车的市场份额占到汽车市场份额的 10%，共有三批 25 个城市参与。"十城千辆"工程的实施，是全世界第一个由政府主导的新能源汽车市场化的应用行动，充分发挥了中国的制度优势，用财政补贴的方式推动了新能源汽车的市场化应用，对中国乃至全世界的新能源汽车发展都具有开创性作用。

为更好地推动"十城千辆"工程的实施，2009 年 2 月份，财政部和科学技术部联合发布了《节能与新能源汽车示范推广财政补助资金管理暂行办法》。仅 2009 年，中央财政对公交系统新能源汽车的补贴额就达到 10 亿元，带动民间资本 85 亿元对电机、电池规模化研发生产。2010 年，国家进一步加大对新能源汽车的扶持力度。自 2010 年 6 月起，在上海、长春、深圳、杭州、合肥等城市启动私人购买新能源汽车补贴试点工作。2010 年 7 月，国家将"十城千辆"工程节能与新能源汽车示范推广试点城市由 20 个增至 25 个，新能源汽车发展进入全面政策扶持阶段。与此同时，《节能与新能源汽车示范推广应用工程推荐车型目录》进入百姓视野。财政补贴和购置税减免政策持续推动新能源汽车产业的快速发展，直到今天仍然发挥重要作用。

在推广应用方面，2009 年，《汽车产业振兴调整规划》将实施新能源汽车战略作为五大重点任务实施，规划中建议政府优先采购自主创新的新能源汽车。在产业发展方面，2010 年，16 家中央企业组建"中央企业电动车产业联盟"，成立电动车"国家队"。在技术创新方面，2012 年，科学技术部在"十二五"电动汽车科技创新专项资金（8 亿元）的基础上，再次安排了约 4 亿元专项资金用于电动汽车科技创新。启动新能源汽车产业技术创新工程，累计部署超过 40 亿元的技术创新工程专项资金，重点支持 8 个动力电池、8 个商用车、11 个乘用车项目的产业技术创新。

在财税政策方面，2012 年 3 月 6 日，财政部、国家税务总局、工业和信

息化部发布《关于节约能源使用新能源车船车船税政策的通知》，对节约能源的车辆，减半征收车船税，对使用新能源的车辆，免征车船税。2012年6月15日，财政部、国家税务总局发布《关于城市公交企业购置公共汽电车辆免征车辆购置税的通知》，对城市公交企业自2012年1月1日至2015年12月31日购置的公共汽电车辆，免征车辆购置税，这是国家第一次出台文件免征新能源车辆购置税。

在2009—2012年"十城千辆"工程实施期间，中国新能源汽车示范推广数量快速增长，北京、上海、深圳等25个试点城市共示范推广各类节能与新能源汽车2.74万辆，其中公共服务领域达2.3万辆，新能源汽车进入市场实际运营。"十城千辆"工程的实施为中国新能源汽车起步发展奠定了基础，也积累了经验。

三、新能源汽车产业起步面临困难

通过示范推广，中国新能源汽车发展虽然取得了很大的成绩，但总体来看，仍然处于起步阶段，尚有许多问题亟待解决，主要包括以下三个方面。

一是技术水平较低，核心技术缺失。主要表现在电池系统集成技术、大规模生产工艺设计、生产过程质量和成本控制等方面，与国外先进水平仍有较大差距，特别是电池、电机、电控等核心技术缺失，致使国产关键零部件与进口产品的性能差距较大，电力驱动系统效率低，电池充电时间长，使用寿命较短。

二是重复建设严重，资源整合不足。中国新能源汽车企业大多各自为战，统筹协调不够，缺乏必要的资源整合，低水平重复建设较为严重，资源浪费现象比较普遍。在充分发挥市场配置资源的基础上，如何有效整合发展新能源汽车的各类要素和资源，积极发挥政府的引导和推动作用，是当时中国新能源汽车发展亟待解决的重要任务之一。

三是产业体系不完善，配套设施建设滞后。中国新能源汽车产业的能力建设不足，产业体系不完善，规模化、产业化、标准化工作滞后，产业链建设比较薄弱，关键零部件生产企业的市场竞争力不强，特别是消费者所必需的充电站、充电桩等配套基础设施建设严重滞后，与新能源汽车有关的测试和试验的技术规范不完备，标准化工作明显滞后，产品准入管理体系尚不健全，制约了新能源汽车产业的健康发展。

综合来看，随着1978年改革开放及中国加入世界贸易组织，国内汽车产量基本呈现指数级增长,中国汽车工业进入发展腾飞期。1980年,中国汽车产量突破20万辆,1992年突破100万辆,2000年突破200万辆。2001—2010年是国内汽车工业发展的黄金期,国内汽车产量从234万辆迅速增长至1826万辆,年均复合增速24%。2009年,中国汽车产量突破1000万辆,首次超越美国成为全球第一大新车市场,逐渐成为汽车大国。在这一阶段,党领导人民解放思想、锐意进取,沿着具有中国特色的社会主义道路,解放和发展社会生产力,使人民摆脱贫困、尽快富裕起来,为实现汽车工业现代化提供充满活力的体制机制和快速发展的物质基础。

第四章

中国汽车工业现代化新征程

第一节　坚定不移实施新能源汽车国家战略

2009—2012年"十城千辆"工程的实施为中国新能源汽车起步发展奠定了基础，也积累了经验。党的十八大以来，我国汽车产业进一步明确了电动化、网联化、智能化的发展方向，推动汽车与能源、交通、信息通信等领域深度融合，汽车产业在由大变强的道路上实现了跨越式发展。2014年，习近平总书记在上汽调研时指出，"发展新能源汽车是我国从汽车大国迈向汽车强国的必由之路，要加大研发力度，认真研究市场，用好用活政策，开发适应各种需求的产品，使之成为一个强劲的增长点。"面对新一轮科技革命浪潮，以习近平同志为核心的党中央高瞻远瞩，审时度势，以引领未来的视野和敢为人先的魄力，将发展新能源汽车确定为国家战略，出台了一系列产业振兴规划和扶持激励政策，并在核心领域技术攻关、多产业协同发展、基础设施建设等方面进行了全面科学的顶层设计，为我国汽车产业跨越式发展注入了新动能，推动我国向汽车工业现代化强国的新征程迈进。

一、发展新能源汽车是必由之路

随着汽车保有量的增加，汽车对燃油的总体需求不断提高。2008年，中国已成为世界第二大能源消费国，机动车成为中国石油的主要消耗载体，燃油消耗量达全国总油耗的1/3。面对日益增长的能源需求压力和环境污染问题，适应中国能源发展战略转型，发展新能源汽车，势在必行。

发展新能源汽车是实现能源转型与产业振兴的重要路径，是全球汽车领域发展的重要方向，也是中国汽车产业发展的战略选择。党中央一直重视新能源汽车产业的发展，并做好顶层设计规划。2012年7月，国务院印发了《节能与新能源汽车产业发展规划（2012—2020年）》，特别提到"加快培育和发展节能汽车与新能源汽车，既是有效缓解能源和环境压力，推动汽车产业可持续发展的紧迫任务，也是加快汽车产业转型升级、培育新的经济增长点和国际竞争优势的战略举措。"2020年10月，国务院办公厅印发了《新能源汽车产业发展规划（2021—2035年）》，强调"以习近平新时代中国特色社会主义思想为指引，坚持创新、协调、绿色、开放、共享的新发展理念，以深化供给侧结构性改革为主线，坚持电动化、网联化、智能化发展方向，深入实施发展新能源汽车国家战略，以融合创新为重点，突破关键核心技术，提升产业基础能力，构建新型产业生态，完善基础设施体系，优化产业发展环境，推动我国新能源汽车产业高质量可持续发展，加快建设汽车强国。"

在政策的支持下，中国新能源汽车产业发展取得积极成效。2012年，中国新能源汽车销量为1.2万辆，2022年，中国新能源汽车销量跃升至688.7万辆，同比增速达到93.4%，市场渗透率达到25.6%，全球占比达到63.5%。中国新能源汽车产业发展进入全面市场化拓展期。

在技术方面，中国在"十二五"时期就制定了新能源汽车发展"三纵三横"，以纯电动为主、混合动力和燃料电池多元发展的技术路线。目前，纯电动汽车市场规模占比将近80%，一直是相对稳定的主导产品，插电式混合动力汽车市场规模占比将近20%，燃料电池汽车尚处在示范培育阶段。同时，新能源汽车产品性能明显提升，平均续驶里程已达600公里。可以说，中国汽车产业正在实现从跟随到引领的历史性跨越，充分体现出中国的体制机制优势和治理能力优势。

二、政策配套体系逐步完善，竞争优势开始显现

新能源汽车推广的初期，中国初步构建了以新能源汽车整车零部件和关键技术为重点的创新体系。2013年，磷酸铁锂电池成本从2009年的5元/千瓦时降至3元/千瓦时，降低了将近50%，能量密度提高了1倍以上，单体电池续航寿命显著提高。通过电动汽车共性技术的研究，在关键零部件的系统集成、匹配、车载应用、关键制造工业、试验检测、产业配套方面均取得了显著的成果。同期，中国实现新能源汽车销售1.76万辆，同比增长38%。与此同时，"十城千辆"工程实施期间暴露出了不少问题，包括地方保护、动力电池等关键零部件技术开发不足、充电基础设施建设滞后等，新能源汽车私人消费条件尚未完全具备。

为了进一步推动新能源汽车的推广应用，巩固产业链供应链基础，国家不断完善政策配套体系，从财税补贴、基础设施建设到整车及零部件关键技术开发等，出台一系列政策措施，支持力度不断加码，进一步增强了新能源汽车产业竞争力。这一时期，中国新能源汽车战略加速落地，配套政策也密集出台，体现了党中央推动新能源汽车产业战略发展的坚强决心。

2013年9月13日，财政部、科学技术部、工业和信息化部、国家发展和改革委员会发布了《关于继续开展新能源汽车推广应用工作的通知》，明确要求，2013—2015年继续开展新能源汽车推广应用工作，对购买新能源汽车的消费者给予补贴，对示范城市充电设施建设给予财政奖励；明确提出了补助范围、对象和标准，中央财政将补贴资金拨付给新能源汽车生产企业，实行按季预拨，年度清算。新能源汽车推广应用的突出特点是补贴范围从试点城市扩展至全国，推广范围由公共领域扩大到私人领域。地方政府也相继推出新能源汽车补贴配套政策，如北京市按照中央和地方1∶1的比例确定补贴标准，还可在专用新能源小客车配置指标中摇号；上海市按照插电式混合动力乘用车每辆3万元额度、纯电动乘用车每辆4万元额度进行补贴，还可以免费获得专用牌照额度；广州市也是按照中央和地方1∶1的比例确定补贴标准，购买新能源汽车的市民还可以不用申请摇号、直接上牌等。

2014年6月11日，国家机关事务管理局、财政部、科学技术部、工业和信息化部、国家发展和改革委员会联合发布《政府机关及公共机构购买新能源汽车实施方案》（以下简称"方案"），在公务用车领域加大对新能源汽车推广应用的支持。该方案明确规定，至2016年，中央国家机关以及纳入新能源汽车推广应用城市的政府机关和公共机构，购买的新能源汽车占当年配备更新总量的比例不低于30%，以后逐年提高。其他各省市政府机关及公共机构，购买的新能源汽车占当年配备更新总量的比例2014年不低于10%，2015年不低于20%，2016年不低于30%，以后逐年提高。

2014年7月14日，国务院提出了《关于加快新能源汽车推广应用的指导意见》，明确以纯电驱动为新能源汽车发展的主要战略方向，重点发展纯电动汽车、插电式（含增程式）混合动力汽车和燃料电池汽车，以市场主导和政府扶持相结合，建立长期稳定的新能源汽车发展政策体系，创造良好发展环境，加快培育市场，以促进新能源汽车产业健康快速地发展。《关于加快新能源汽车推广应用的指导意见》涵盖标准体系建设、商业模式创新、公共服务领域推广应用、破除地方保护、技术创新和产品监管等方面，对构建完整的新能源产业链体系，推动新能源汽车产业发展具有重要的意义。同期，还发布实施了免征新能源汽车车辆购置税政策，免征纯电动汽车、插电式混合动力汽车和燃料电池汽车车辆购置税政策，进一步加大对新能源汽车推广的财政支持力度。

2014年11月18日，财政部、科学技术部、工业和信息化部、国家发展和改革委员会发布《关于新能源汽车充电设施建设奖励的通知》，规定2013—2015年，中央财政对符合条件的城市或城市群，根据新能源汽车推广数量分年度安排充电设施奖励资金。国家电网表示将引入社会资本参与分布式电源并网工程、电动汽车充换电站设施建设，这是国家电网首次向社会资本开放，充电桩等基础设施的建设步伐随之不断加快。

在政策扶持和多方努力下，中国的新能源汽车产业发展呈现良好势头。新一轮政策出台后，普通消费者购买数量大幅增加，私人市场快速启动。2014年，我国新能源汽车销量为7.5万辆，其中纯电动汽车占比61%，广泛应用于公务、私人、出租和共享服务等领域。

进入2015年，政策支持力度继续加大。在战略规划方面，党和国家描绘制造强国战略第一个十年发展蓝图，节能与新能源汽车被列为重点发展领域，明确继续支持电动汽车、燃料电池汽车发展，掌握汽车低碳化、信息化、智能化核心技术，提升动力电池、驱动电机、高效内燃机、先进变速器、轻量化材料、智能控制等核心技术的工程化和产业化能力，形成从关键零部件到整车的完整工业体系和创新体系，推动自主品牌新能源汽车与国际先进水平接轨。在补贴政策方面，2015年4月22日，财政部、科学技术部、工业和信息化部、国家发展和改革委员会发布了《关于2016—2020年新能源汽车推广应用财政支持政策的通知》，新能源汽车生产企业在销售新能源汽车产品时按照扣减补助后的价格与消费者进行结算，中央财政按程序将企业垫付的补助资金再拨付给生产企业。在税收政策方面，2015年5月7日，财政部、国家税务总局、工业和信息化部联合发布《关于节约能源 使用新能源车船车船税优惠政策的通知》，对节约能源汽车，减半征收车船税；对使用新能源汽车，免征车船税。在基础设施建设方面，相关部门相继出台了《关于加快电动汽车充电基础设施建设的指导意见》《关于加强城市电动汽车充电设施规划建设工作的通知》《关于"十三五"新能源汽车充电基础设施奖励政策及加强新能源汽车推广应用的通知》《关于加快居民区电动汽车充电基础设施建设的通知》等多项政策，鼓励充电基础设施建设，为中国大规模建设充电基础设施奠定了基础。

2015年，新能源汽车核心技术取得了明显进步，动力电池、关键材料的国产化进程快速提升、能量密度提升、成本显著降低、安全性和工艺技术持续改进。如动力电池，与2014年相比，能量密度提高了将近1倍，成本降低了50%；驱动电机产业化能力提升，从电机的生产逐步走向带有控制系统的整个驱动系统的研发生产；商业模式取得了新亮点，分时租赁的模式和城市物流逐渐成了新的应用方式；安全性能得到提升。

2015年，中国新能源汽车产量为34万辆，销量为33.1万辆，同比分别增长3.3倍和3.4倍。其中，纯电动汽车产销量分别为25.5万辆和24.7万辆，同比分别增长4.2倍和4.5倍；插电式混合动力汽车产销量分别为8.6万辆和8.4万辆，同比分别增长1.9倍和1.8倍。自2015年至今，中国新能源汽车销量已经连续8年位居世界第一。

三、政策与技术体系逐步成熟，新能源汽车产业化再进阶

补贴政策标准严格，推动产业健康发展。2016年，新能源汽车被列入"十三五"战略性新兴产业规划，将从动力电池、基础设施等各方面全面提升电动汽车整车品质。同年2月的国务院常务会议，确定了进一步支持新能源汽车产业的措施，以结构优化推动绿色发展，努力攻克核心技术，打破瓶颈制约，加速新能源汽车发展步伐。

2016年12月29日，财政部、科学技术部、工业和信息化部、国家发展和改革委员会发布《关于调整新能源汽车推广应用财政补贴政策的通知》，增加整车能耗要求，提高整车续驶里程门槛要求，引入动力电池新国标，提高安全要求，建立市场抽检机制，建立《目录》产品动态管理制度，进一步促进新能源汽车产业健康发展，提高产业技术水平，增强核心竞争力，促进新能源汽车推广应用。分别设置中央和地方补贴上限，其中地方财政补贴（地方各级财政补贴总和）不得超过中央财政单车补贴额的50%。除燃料电池汽车外，各类车型2019—2020年中央及地方补贴标准和上限，在现行标准基础上退坡20%。

2016年，新能源汽车产业关键技术取得了显著进步。动力电池的关键材料发展进程加快、性能指标稳步提升、成本明显降低。驱动电机技术特别是共性基础技术进一步突破，导磁硅钢、稀土永磁材料、绝缘体材料、位置传感器、芯片集成设计和电力电子系统，取得了新的进展。2016年，新能源汽

车产销量均突破 50 万辆，同比分别增长 51.7%和 53%。

专属绿牌优势，继续完善政策体系。新能源汽车数量不断增多，为了提高辨识度和规范化管理，新能源汽车专用号牌呼声很大。2016 年 12 月，公安部在上海、南京、无锡、济南、深圳等 5 个城市率先试点启用新能源汽车号牌；2017 年 11 月起增加河北保定、吉林长春等 10 个城市启用新号牌；2017 年底，所有省份省会城市及部分地市启用；2018 年上半年全国全面启用。各地公安机关密切与交通、住建、保监等部门协作配合，联合出台了新能源汽车"不限行"、停车优惠等差异化便利政策。

2017 年，新能源汽车产业发展取得可喜成绩。一是产业规模持续扩大，2017 年，中国新能源汽车产销量分别达到了 79.4 万辆和 77.7 万辆，个人汽车消费市场快速兴起，新能源乘用车销售占比接近 75%。二是技术水平显著提升，主流乘用车的续驶里程已经实现 300 公里以上，达到了国际先进水平。三是企业实力明显增强，骨干整车企业已经建立起了比较完整的新能源汽车正向开发体系。四是充电网络的建设稳步推进，公共场所、居民小区、机关单位，以及高速公路等主要场所覆盖度大幅提高。

2017—2018 年，在税收和补贴方面，国家政策体系也在不断完善。其中，在税收政策方面，2017 年 12 月 26 日，财政部、国家税务总局、工业和信息化部、科学技术部发布《关于免征新能源汽车车辆购置税的公告》，自 2018 年 1 月 1 日至 2020 年 12 月 31 日，对购置的新能源汽车免征车辆购置税，这是继 2012、2014 年之后，国家第三次减免新能源汽车车辆购置税。在补贴政策方面，2018 年 2 月 12 日，财政部、工业和信息化部、科学技术部、国家发展和改革委员会发布《关于调整完善新能源汽车推广应用财政补贴政策的通知》，提高产品技术门槛，完善新能源汽车补贴标准，分类调整运营里程，加快完善信息化监管平台，建立与补贴挂钩的整车和电池"一致性"抽检制度，拓宽监督渠道，夯实监管责任，破除地方保护，建立统一市场，落实生产者责任，提高生产、销售、服务管理水平。加快促进新能源汽车产业提质增效、增强核心竞争力、实现高质量发展，做好新能源汽车推广应用工作。续驶里程在 100~150 公里之间的纯电动乘用车补助自 2018 年 6 月 12 日起正式取消，2018 年 2 月 12 日至 2018 年 6 月 11 日为过渡期。在车船税方面，2018 年 7 月 10 日，财政部、国家税务总局、工业和信息化部、交通运输部联合发布《关于节能新能源车船享受车船税优惠政策的通知》，对节能汽车，减半征收车船税；对新能源车船，免征车船税。这是继 2012、2015 年之后，国家第三次出台文件免征新能源汽车车船税。

实施双积分政策，推动传统车企加速电动化转型。为提升传统能源汽车节能水平，促进新能源汽车产业发展，建立节能与新能源汽车管理的长效机制，有效缓解能源和环境压力，工业和信息化部牵头研究制定双积分政策。双积分政策是中国推出的一项创新性政策，它既要求车企达到传统燃油汽车的油耗标准，又要求车企满足生产一定比例的新能源汽车要求。2017年9月27日，工业和信息化部、财政部、商务部、海关总署、国家质量监督检验检疫总局联合发布《乘用车企业平均燃料消耗量与新能源汽车积分并行管理办法》。双积分政策起到天平作用，让传统燃油汽车生产企业把注意力更多地集中在两件事情上，一是尽可能削减燃油汽车的油耗以提升企业平均燃料消耗量积分，二是尽可能生产高性价比的新能源汽车以提升新能源汽车积分，进而促进传统车企加大新能源汽车领域研发投入，加快产品量产销售。双积分政策将乘用车企业的燃料消耗量与新能源汽车积分挂钩，既要鼓励节油减碳，又要促进或者倒逼车企发展新能源汽车。在后期财税补贴优惠逐步退出、油耗管理后续政策有待接续的情况下，双积分政策以更市场化的手段大力推动了中国新能源汽车产业发展。

2018年，双积分政策正式实施，在中国汽车市场产销量同比出现下滑的情况下，新能源汽车成为一大亮点，其产销量分别完成127.0万辆和125.6万辆，比2017年同期分别增长59.9%和61.7%。这一年，造车新势力相继交付新车，新能源汽车产业繁荣发展的局面初现。各车企不断开展三电新技术的研发，动力电池主流应用类型已确定为锂离子电池，随着动力电池技术的发展，许多车型续驶里程已达到300公里，甚至达到400公里。

补贴退坡，市场逐渐发挥主导作用。2019年3月26日，财政部、工业和信息化部、科学技术部、国家发展和改革委员会发布了《关于进一步完善新能源汽车推广应用财政补贴政策的通知》，对新能源乘用车、客车、货车的补贴标准进行了重新规定。根据新的补贴标准，乘用车、客车、货车三种新能源车型的补贴标准都较2018年大幅降低，整体退坡幅度超过50%。同时，要求在2019年6月25日过渡期结束后，将不再允许地方政府对购买新能源汽车进行补贴，而是转向支持充电（加氢）基础设施建设和配套服务等领域。新能源汽车产业迎来了大考，2019年，中国新能源汽车产销量分别完成124.2万辆和120.6万辆，同比分别下降2.3%和4.0%。

政策不间断扶持，产业聚焦高质量发展。2020年初，突如其来的新冠疫情打乱了汽车产业发展的正常节奏，叠加补贴退坡因素的影响，新能源汽车产销量连续十二个月同比下滑。在此背景下，2020年4月23日，财政部、工业和信息化部、科学技术部、国家发展和改革委员会发布《关于完善新能源汽车推广应用财政补贴政策的通知》，明确将新能源汽车推广应用财政补贴政策实施期限延长至2022年底，原则上自2020年起新能源汽车补贴分别在上一年基础上退坡10%、20%、30%，且保持动力电池系统能量密度等技术指标不作调整，但要求新能源乘用车补贴前售价须在30万元以下（含30万元），"换电模式"车辆则不受此规定限制。相关财政政策的持续扶持，为产业回暖提供了有力保障。2020年9月，习近平主席在第七十五届联合国大会一般性辩论上宣布，中国将提高国家自主贡献力度，采取更加有力的政策和措施，二氧化碳排放力争于2030年前达到峰值，努力争取2060年前实现碳中和。双碳目标的提出，对新能源汽车产业的发展也提出了更高的要求。在此背景下，2020年10月20日，《新能源汽车产业发展规划（2021—2035年）》提出，到2025年，新能源汽车新车销售量达到汽车新车销售总量的20%左右，高度自动驾驶汽车实现限定区域和特定场景商业化应用，充换电服务便利性显著提高。面对新冠疫情，在党中央的坚强领导下，我国充分发挥制度优势，新能源汽车产业逐步走出市场的阴霾，迈入了高质量、精品化的快速发展赛道。经过多年来对新能源汽车产业的培育，新能源产业链各个环节逐步成熟，丰富和多元化的新能源汽车产品不断满足市场需求，使用环境也在逐步优化和改进，新能源汽车越来越受到消费者的认可。2020年，国内新能源汽车累计产销量分别达到136.6万辆和136.7万辆，同比增长7.5%和10.9%，新能源汽车市场增速由负转正，进入了良性发展的快车道。在新冠疫情期间，即使面临"缺芯少电"、原材料价格上涨等多重困境，依然挡不住新能源汽车快速发展的脚步。特斯拉、蔚来、小鹏等国内外造车新势力热潮汹涌，新能源汽车产销量大幅增长。

　　自主品牌抢先机，品牌影响力显著提升。政策引导极大地加速了新能源汽车行业发展。国家支持央企和国企改制、混改，提升资本利用效率，腾出资源向更敏捷的生产、研发体制迈进。自主品牌积极把握国内新能源汽车市场机遇期，推动新能源汽车供应链提质升级，不断提升制造工艺及质量控制水平，特别是纯电动汽车的供应链，以动力电池为主的三电技术研发、外观设计和产品质量，达到全球领先水平。2022年，中国动力电池企业装机量在全球市场的份额突破六成，中国企业的技术创新不断突破，CTP、刀片电池、短刀电池、CTC 层出不穷。新势力和国企孵化的中高端品牌，推动自主品牌市场占有率不断提升。2022 年，自主品牌市场占有率达到 49.9%的新高点，其中自主品牌新能源乘用车国内市场销售占比达到了 79.9%。自 2012 年至今，中国汽车产业在既有庞大规模的基础上，初步实现了产业升级，强化了自身实力，在一定程度上引领了技术发展潮流。

第二节　推动中国汽车自主创新体系在产业转型升级中不断发展

一、中国汽车产业自主创新体系建设起步

2012 年，中国汽车产销量超过了 1900 万辆，已连续四年成为世界上最大的汽车生产国。当年，自主品牌乘用车市场占有率在 40%左右，而产值比重仅占 20%，利润份额不到 5%。部分企业虽然在关键技术研发方面取得了一定进步，但汽车工业整体的技术创新水平有待提升。

（一）中国汽车产业自主创新体系初步形成

经过"十五""十一五"的技术积累和创新实践，中国汽车企业在创新能力建设方面取得了积极进展，已初步建立以政府为引导、市场为导向、企业为主体、产学研相结合的科技创新体系，在创新人才、研发投入、创新平台、流程体系、成果产出等方面取得了显著进步。

中国汽车企业基本建立起以企业技术中心为核心，具有比较完善的研发组织、流程体系和研发布局，并持续增加研发投入。2012 年，中国汽车行业拥有的国家级企业技术中心数量达到了 69 个，占国家级企业技术中心总量的 5.4%；由科学技术部认定的国家重点实验室有 5 个，在机械类国家重点实验室中，占比为 17.2%。长安、吉利、长城、上汽、奇瑞等企业在海外建有研发中心，建立了比较完善的研发流程体系。中国汽车产业研发投入总额呈持续上升的态势，由 2003 年的 107.3 亿元上升至 2012 年的 591.3 亿元。

汽车产业核心技术能力进步明显。新能源汽车动力电池、电机、电子控制和系统集成等关键技术取得重大进步，纯电动汽车和插电式混合动力汽车开始小规模投放市场；先进内燃机、高效变速器、轻量化材料、整车优化设计，以及混合动力等节能技术和产品得到大力推广，汽车平均燃料消耗量明

显降低;天然气等替代燃料汽车技术基本成熟并实现产业化。

知识产权专利数量和结构也有较为明显的改善。具体来看,2011年,在中国汽车行业专利公开的总量中,发明专利数量为18758件,同比增长31.2%;实用新型专利数量为2653件,同比增长24.2%;外观设计专利数量为5251件,同比降低4.6%。由此可见,除外观设计专利数量略有下降外,发明专利数量和实用新型专利数量增长较快。

(二)中国汽车产业研发短板弱项明显

研发投入强度不足。中国汽车产业在研发投入总量和强度上与发达国家存在较大的差距。从研发投入总量上看,国家层面,中国"十五"和"十一五"期间对汽车产业的国家科技投入不足30亿元。2012年,中国汽车产业全行业研发投入为591.3亿元,德国汽车产业的研发投入达到161亿欧元,德国是中国的3倍多。仅大众集团一家企业研发投入就达到95亿欧元,占德国全部研发投入的三分之一。从研发投入强度上看,跨国汽车集团研发投入占销售收入的比重基本在5%~8%,部分高端汽车企业如保时捷,研发投入占比能达到12%。2012年,中国汽车全行业平均研发投入占比仅为1.67%,虽然个别自主品牌汽车企业的研发投入占销售收入的比重超过5%,但由于规模较小,对汽车行业整体的研发投入水平提升有限。从研发投入结构上看,中国汽车零部件企业的研发投入强度只有1.4%,而全球零部件企业的研发投入占销售收入的比例平均值为5.1%。这与中国汽车零部件企业普遍规模偏小、布局分散有关。

关键技术尚需突破。自主品牌汽车企业集团在车身开发能力、整车集成能力方面相对较好,但在新技术开发和应用方面相对较差,在发动机总成开发技术和汽车电子控制技术方面则处于劣势。汽车零部件企业研发能力弱,以车轮、制动器、车身部件等低技术含量产品为主,汽车电子等研发制造能力较弱,产品附加值低。从专利上看,在中国汽车企业申请的专利中,发明专利占比最高仅为38%,而丰田、本田、通用、日产等在华申请的专利中,发明专利占比普遍达到80%左右。

研发人才不足。有数据显示,全球主要汽车企业集团中研发人员占员工总数的比例均超过10%,而中国汽车行业研发人员占比平均为7%左右,数量上已经有差距。

二、党和国家积极推动自主创新体系发展

"十二五"期间,由于汽车产业面临的发展环境发生变化,产业自身发展中积累的矛盾和问题不断显现,企业技术创新能力不强、缺乏核心技术、自主品牌综合竞争能力较弱、零部件发展滞后,因此产业组织结构需要进一步调整。2015年,习近平总书记在陕西调研考察时指出,"核心技术靠化缘是要不来的,必须靠自力更生。"党和国家高度重视汽车产业的可持续健康发展,提出"十二五"期间我国汽车工业最迫切的任务就是大力提高汽车企业的自主创新能力,通过规划牵引、政策引导、项目带动等方式,积极推动汽车企业完善自主创新体系,实现高质量发展。

(一)强化顶层设计和产业引导

2012年以来,国家层面陆续出台《电动汽车科技发展"十二五"专项规划》《节能与新能源汽车产业发展规划(2012—2020年)》《汽车产业中长期发展规划》《乘用车企业平均燃料消耗量与新能源汽车积分并行管理办法》《智能汽车创新发展战略》《关于稳定和扩大汽车消费若干措施的通知》《新能源汽车产业发展规划(2021—2035年)》等一系列政策措施,强化新能源汽车、智能网联汽车产业和技术布局顶层设计,推动新能源汽车的大规模产业化和先进节能技术的研发应用,促使汽车企业必须持续加大研发投入,不断完善自主创新体系,增强自主创新能力,突破动力电池、电机、电控、高效发动机及变速器、轻量化等关键技术,以满足日趋严格的政策法规要求。

(二)部署重大科技项目,推动关键技术的研发应用

为落实国家相关规划,科学技术部、工业和信息化部部署实施了一系列重大科技项目,对汽车产业,特别是新能源汽车产业以前所未有的力度开展技术攻关,对新能源汽车产业的关键技术突破和产业化发展发挥了重要作用。

"十二五"期间,科学技术部组织实施了"电动汽车科技发展"重大专项,紧紧围绕电动汽车科技创新与产业发展的三大需求,继续坚持"三纵三横"研发布局,着力推进关键零部件技术、整车集成技术和公共平台技术的攻关与完善、深化与升级,形成"三纵三横三大平台"战略重点与任务布局。专项部署项目共65项,包括"973"项目6项,"863"项目18项,科技支撑

计划项目34项，国际合作项目3项，公益类项目4项。

科学技术部设立了"863"计划"电动汽车关键技术与系统集成"重大项目（以下简称"项目"），共设置31个课题方向，77个课题，国拨经费7.4亿元。该项目旨在加强电动汽车产业化关键技术突破，强化示范考核和产业化研发，建立以企业为主体的产学研相结合的技术创新体系，支撑和引领中国汽车工业技术进步和跨越式发展。项目开展系列化混合动力汽车产品的产业化技术研发；开发系列化纯电驱动汽车及其能源供给系统，探索电动汽车技术与商业运营模式的集成创新；发展以燃料电池汽车为代表的高端前沿技术，建立下一代纯电驱动动力系统技术平台，研制下一代纯电驱动汽车并进行考核示范。

实施新能源汽车产业技术创新工程。为推动企业联合有关单位加强自主技术创新，扎实推进中国新能源汽车重大关键技术突破与产业化进程，2012年9月，财政部、工业和信息化部、科学技术部下发《新能源汽车产业技术创新工程财政奖励资金管理暂行办法》，启动新能源汽车产业技术创新工程项目申报工作。共支持25个项目，包含纯电动乘用车项目5项，插电式混合动力乘用车项目5项，纯电动商用车项目3项，插电式混合动力商用车项目3项，燃料电池乘用车项目1项，动力电池项目8项。

2016年，科学技术部启动国家重点研发计划，实施"新能源汽车"试点专项（以下简称"试点专项"）。该试点专项总体目标是继续深入实施新能源汽车"纯电驱动"技术转型战略，升级新能源汽车动力系统技术平台，超前部署研发下一代技术，建立完善的新能源汽车科技创新体系，支撑大规模产业化发展。试点专项安排中央财政资金支持30亿元，其他资金支持70亿元。试点专项围绕动力电池与电池管理、电机驱动与电力电子、电动汽车智能化技术、燃料电池动力系统、插电/增程式混合动力系统和纯电动力系统6个创新链，部署38个重点研究任务。

2021年，为落实"十四五"期间国家科技创新有关部署安排，科学技术部继续实施"新能源汽车"重点专项（以下简称"重点专项"）。该重点专项坚持纯电驱动发展战略，夯实产业基础研发能力，解决新能源汽车产业关键技术问题，突破产业链核心瓶颈技术，实现关键环节自主可控，形成一批国际领先的科技成果，巩固我国新能源汽车先发优势和规模领先优势，并逐步建立技术优势。重点专项围绕能源动力、电驱系统、智能驾驶、车网融合、支撑技术、整车平台6个技术方向，按照基础前沿技术、共性关键技术、示范应用进行项目设置，2021年，启动18个项目，安排国拨经费8.6亿元。

三、中国汽车自主创新综合实力得到有效提升

经过近十年的发展，中国汽车自主创新体系不断完善，综合创新实力不断提高。中国汽车产业研发投入、科技人才、专利等技术创新核心要素持续增量提质，加速驱动创新能力迈上新台阶。汽车节能技术加快跟进发展，乘用车新车油耗持续降低；新能源汽车技术达到国际先进水平，市场份额、整车产品关键性能指标处于世界先进水平，部分关键零部件已掌握核心技术；智能网联汽车智能化、网联化水平不断提升，传感器、计算平台、智能座舱等关键部件快速迭代，高精度地图与定位等基础支撑技术实现了自主突破。

2020年7月，习近平总书记在吉林视察一汽时强调，推动我国汽车制造业高质量发展，必须加强关键核心技术和关键零部件自主研发，实现科技自立自强，做强做大民族品牌。当今世界制造业竞争激烈，要抢抓机遇，大力发展战略性新兴产业，实现弯道超车。在持续增长的研发投入的推动下，中国汽车产业科技人才质量与数量得到双提升，专利质量和数量持续向好，技术创新体系不断优化完善。

（一）研发投入持续大幅增长

研发投入是提升技术创新能力的最基本保障。一方面，近年来，中国相关汽车企业的年度研发投入大幅增长，研发投入占营业收入的比重达到4%左右。例如，一汽的研发投入从2012年的82.4亿元增长至2021年的219.5亿元，研发投入强度从2%增长至3.1%；上汽的研发投入从2012年的约70亿元增长至2021年的205.95亿元，研发投入强度从1.07%增长至2.64%；长安汽车从2012年的约13亿元增长至2021年的48.27亿元，研发投入强度从3.13%增长至4.59%。持续增长的研发投入为自主品牌技术创新能力提升提供了重要保障。

（二）科技人才数量与质量双提升

2012年以来，国内外源源不断的汽车人才培养与输入，促进了中国汽车产业科技人才数量和质量的大幅提升，中国汽车企业研发人员数量、占从业人员比重等重要指标不断提升，为中国汽车产业技术发展提供了智力资源，这与中

国汽车产业,尤其是自主品牌企业的技术创新能力快速发展互为因果、互相带动。例如,2021年,长安汽车研发人员占从业人员比重达到17%,长城汽车研发人员占从业人员比重达到27%,吉利汽车研发人员占从业人员比重高达41%。

(三)专利质量和数量持续向好

2022年,我国汽车专利公开量为36.2万件,同比增长12.9%,增长率显著提高。其中,发明专利授权量为9.5万件,同比增长12.8%,反映了汽车专利创新质量持续提升,汽车企业技术创新能力逐步加强。我国新能源汽车产业呈现蓬勃发展态势,行业技术发展聚焦电动化、网联化、智能化。新能源汽车、智能网联汽车领域的专利占比达到42.0%;其中,新能源汽车专利公开量同比增长13.3%,智能网联汽车专利公开量同比增长19.8%。

(四)技术创新体系不断优化完善

在产业政策的激励和引导下,不断健全多部门协调联动、覆盖关联产业的汽车产业协同创新机制,以企业为主体、市场为导向、产学研用相结合的技术创新体系进一步完善。中国充分发挥重大项目的引领作用,建立了矩阵式的研发能力布局和跨产业协同平台,形成了体系化的技术创新能力。

十年间,国家发展和改革委员会、工业和信息化部、科学技术部等多个部委,从前瞻规划、创新研发、产业化发展等方面进行了系统的布局,推动中国汽车产业转型升级,形成产学研大规模协同攻关的布局。通过部署和实施国家重大科技项目,有效集聚了全产业创新力量,带动了汽车产学研大规模协同攻关,有效推动中国新能源汽车关键技术的研发,并涌现出一批标志性成果。

汽车行业以深化产学研合作为导向,在相关部委的指导支持下,先后建立了国家动力电池创新中心、国家智能网联汽车创新中心、国家新能源汽车技术创新中心等新型研发机构,推动了基础研究、应用技术、产业化技术之间的有效供给与贯通。

在政府相关部门的大力指导和行业组织的积极推动下,汽车行业围绕汽车技术链,构建创新链,配置资源链,先后组建了"汽车轻量化技术创新战略联盟""电动汽车产业技术创新战略联盟""智能网联汽车产业创新联盟""汽车动力电池产业创新联盟"等一批协同创新平台,以市场需求为导向,以共同投入、成果共享为特色,开展了一大批行业关键共性技术协同攻关,取得了一系列成果。在企业层面，面向未来前瞻技术创新、产业生态构建、投资布局等战略领域，同业联合已成为趋势，一汽、东风、长安合资组建中汽创智公司，上汽、广汽也启动了相关领域的战略合作。

第三节 着力推进产业链供应链贯通发展

汽车产业链具有纵向延伸长、跨界融合面宽的特点，构建畅通安全的产业链供应链是汽车工业发展的根基所在。党的十八大以来的十年，是中国汽车工业创新能力不断提升、产业结构不断优化的十年，也是中国汽车产业依靠科技创新引领产业发展进入快车道的十年。汽车整车和零部件产业体系日渐完善，在全球汽车市场占有率已超过30%。作为全球第一汽车制造大国，中国正在不断延伸和完善汽车产业链，打造安全可控的汽车供应链，提高汽车产业整体竞争力。

一、产业链供应链面临诸多问题与挑战

汽车产业链以汽车制造为核心，将汽车零部件制造业及与零部件制造业相关的其他基础产业向上延伸，向下延伸到服务贸易领域，包括汽车销售、维修、金融等服务业。100多年来，传统汽车的产业链结构基本都是整车厂要掌握发动机、变速箱和底盘等核心技术，而在新能源汽车产业，动力电池、驱动电机、电控系统等关键核心部件研发与配套能力显著增强，宁德时代、比亚迪、精进电动、上海电驱动等一批零部件企业进入国际配套体系，形成了体系完整、上下游贯通、具有国际竞争力的产业链条。

从产业链上游来看，目前中国汽车整车生产装备70%以上来自进口，发动机、变速箱装备80%左右依赖进口，汽车研发、试验、检测等仪器设备90%依赖进口，特种功能材料几乎全部依赖进口。因此，与精密控制、精密制造、精准测量等密切相关的工业材料、控制系统、专用制造装备等领域是汽车产业链上游的主要短板。材料水平不高，机械制造和原材料制造部门融合发展不够，是导致中国汽车关键部件、总成系统等长期依赖进口的主要原因。在汽车制造环节，关键核心部件过度依赖龙头企业产品和技术，存在结构性产能过剩和高端产能不足的风险。同时，动力电池钴资源、电机控制器、车规级芯片、电子车身稳定系统等依赖进口，国内外差距仍较为明显，国内芯片制造主要集中在中低端，车规级芯片在一定程度上仍受制于人。在智能网联

汽车领域，环境感知系统、智能决策、高算力芯片等关键零部件，国内企业还不具备产业化的条件。因此，构建安全可靠的供应链是中国汽车产业发展电动化、网联化、智能化，实现产业转型的必由之路。

汽车供应链指汽车生产过程中的原材料采购、零配件生产、整车装配与物流、整车销售、售后服务一整套体系。中国虽然拥有庞大的汽车供应链体系，甚至全球50%以上的汽车零部件制造都与中国有关，汽车供应链管理能力接近或者达到了国际知名车企的水平，但关键零部件的缺失，比如芯片和操作系统等，让这个庞大的链条存在安全风险。当前，中国汽车产业链短板、弱项依然存在，上下游的供需信息也不够通畅，部分企业供应链管理水平还有待提升。尤其受国际地缘政治复杂和新冠疫情突如其来等因素影响，汽车供应链屡受冲击，庞大的制造体系也暴露出脆弱的一面，供应链安全问题成为稳定经济发展和产业健康运行的重要威胁。

中国汽车产业链供应链正在经历着一轮深刻的变革与重构，从整车企业到各级供应商都面临前所未有的机遇与挑战。新一轮技术革命正在让汽车工业进入以电动化、网联化、智能化为特征的新阶段，传统零部件体系面临重构。

二、加快提升产业链供应链现代化水平

产业链供应链是汽车产业核心竞争力的根本所在，是汽车产业构建新发展格局的重要基础，也是保障产业健康稳定发展的关键要素。党的十八大以来，习近平总书记心系产业链供应链的安全稳定，在赴各地考察时，作出重要指示，提出明确要求。党中央、国务院高度重视产业链供应链的发展，多次强调要增强产业链供应链自主可控能力，提升产业链供应链现代化水平。在党中央坚强领导下，各部门围绕突破关键核心技术，做强产业链供应链，采取多种举措，着力提升产业链供应链的韧性和安全水平。

2017年，工业和信息化部、国家发展和改革委员会、科学技术部发布的《汽车产业中长期发展规划》，提出全产业链实现安全可控。突破车用传感器、车载芯片等先进汽车电子，以及轻量化新材料、高端制造装备等产业链短板，培育具有国际竞争力的零部件供应商，形成从零部件到整车的完整产业体系。到2020年，形成若干家超过1000亿元规模的汽车零部件企业集团，在部分关键核心技术领域具备较强的国际竞争优势；到2025年，形成若干家进入全球前十的汽车零部件企业集团。

2018 年，国家发展和改革委员会启动战略性新兴产业集群发展工程。2019 年，部署了第一批 66 个国家战略性新兴产业集群，以强健产业链、优化价值链、提升创新链来加快形成产业链竞争的整体优势。

2020 年 7 月 21 日，习近平总书记主持召开企业家座谈会并发表重要讲话，强调"要提升产业链供应链现代化水平，大力推动科技创新，加快关键核心技术攻关，打造未来发展新优势"。

2020 年 9 月 8 日，国家发展和改革委员会、科学技术部、工业和信息化部、财政部发布《关于扩大战略性新兴产业投资 培育壮大新增长点增长极的指导意见》（以下简称"意见"），意见中将"打造产业集聚发展新高地"作为五大部分之一名列其中。该意见明确指出，构建产业集群梯次发展体系，培育和打造 10 个具有全球影响力的战略性新兴产业基地、100 个具备国际竞争力的战略性新兴产业集群，引导和储备 1000 个各具特色的战略性新兴产业生态。

2020 年 11 月 2 日，国务院办公厅印发《新能源汽车产业发展规划（2021—2035 年）》，提出"践行开放融通、互利共赢的合作观，扩大高水平对外开放，以开放促改革、促发展、促创新；坚持'引进来'与'走出去'相结合，加强国际合作，积极参与国际竞争，培育新能源汽车产业新优势，深度融入全球产业链和价值链体系。"

党的十九届五中全会提出"提升产业链供应链现代化水平"，并强调"实行高水平对外开放，开拓合作共赢新局面""加强国际产业安全合作，形成具有更强创新力、更高附加值、更安全可靠的产业链供应链"。

除了密集出台产业政策，推动产业链供应链实现贯通，行业主管部门也在积极采取措施，推动上下游企业协同创新发展，全力保障汽车产业稳定运行。一方面，工业和信息化部积极组织开展了汽车产业强链补链行动，多次组织召开国内外整车、零部件，以及芯片企业座谈会，分领域系统梳理汽车产业链供应链现状，围绕新能源汽车和智能网联汽车重点产业链，加强关键技术联合攻关，组织实施产业链协同创新项目，进一步提升自主核心竞争力，增强产业链供应链的风险识别能力。另一方面，各部门集中力量针对全行业普遍关注的汽车芯片供应紧张问题，组建了汽车半导体推广运用工作组，支持成立中国汽车芯片产业创新战略联盟，组织编制供需手册，加强供需精准对接，推动相关企业加快复工达产，保障特定芯片的供应。

当前，国家创新体系也正在发挥重要作用，举国家之力突破汽车产业链上游制约成为行业共识。为此，中国已经做好提供金融支持的各项准备工作，例如，国家发展和改革委员会、工业和信息化部、财政部等牵头组建的先进制造产业投资基金、国家制造业转型升级基金、国家集成电路投资产业基金、国家中小型企业基金等，以市场化形式发挥投资的引领作用，广大企业创新热情高涨，合力推动中国汽车产业链向高质量方向发展。

三、产业链供应链安全可控水平大幅提升

2012年以来，在国家重大工程和技术专项的支持下，中国汽车零部件自主创新体系初步形成。汽车产业链布局日趋完善，形成了全球规模最大、品类齐全、配套完善的产业体系，深度融入全球产业生态。中国成为重要的生产和供应基地，逐渐建立以大型整车企业集团为核心的产业链供应链体系，集群效应凸显。中国汽车产业链供应链垂直整合能力不断提升，抗风险能力不断增强，汽车动力总成、平台架构、智能网联软件等领域取得突破，产业核心技术自主可控迈上新台阶。

当今，全球至少50%以上的汽车零部件制造与中国有关，多数世界汽车零部件巨头企业将研发及测试中心设在中国。国内一批具有优势的零部件企业开始进入全球配套体系。国内汽车零部件企业已具备乘用车及商用车零部件系统、零部件及子系统的产业化能力，并实现产品的全面覆盖。中国已形成东北、京津冀、长江中游、成渝、珠三角，以及长三角六大汽车零部件产业集群，产业链协同效应初步显现，集群效应更加凸显。在全球化趋势下，国内汽车零部件企业采用兼并重组、海外并购、股权合资、合资合作等方式，加速拓展并融入世界零部件采购体系，较好地支持了中国汽车工业的高速发展。

新能源汽车产业在基础材料、动力电池、电机、整车、生产装备等产业链上下游实现贯通，形成了结构完整、安全可控的新能源汽车产业体系。中国新能源汽车的先发优势，为中国电池企业的发展赢得了宝贵的时间。从规模上看，中国动力电池的产能布局全球领先，远超日本、韩国及欧美国家。中国动力电池的产能占全球一半以上，规模优势明显。

中国已经是全球智能电动汽车的创新中心，具备基本完善的产业链、供应链、创新链。车用固态激光雷达、4D毫米波雷达、高算力自动驾驶平台及芯片、智能座舱等一系列技术取得重要突破，搭载组合辅助驾驶系统的乘用车新车渗透率提高到20%左右。在自动驾驶前沿技术领域，中国主导的C-V2X通信标准实现国际引领。

当前，中国汽车工业正处在由大转强的重要时期，"十四五"期间将是汽车产业发展的关键阶段，汽车产业链供应链将经历一次深度重塑。在构建"以国内大循环为主体，国内国际双循环相互促进"的新发展格局下，在碳达峰碳中和战略目标引导下，来自产业链供应链的挑战蕴含着无限机遇。加速构建完整、通畅、可持续的新型供应生态圈，实现全产业链的整合，不仅中国汽车产业受益良多，而且全球汽车产业也将因此实现更健康快速的发展。由于复杂的国际形势、缺芯危机、原材料涨价等因素影响，中国汽车产业供应链"多硬缺软"的情况仍会在一段时间内存在，这也将是中国汽车供应链重新洗牌的一次契机。在稳供保供的同时，深化供给侧结构性改革，突破传统供应链壁垒，构建芯片、软件等核心技术能力，共筑中国汽车新型供应生态圈，将有利于全面优化升级产业结构。

第四节　加快推动汽车产业全球化发展

中国汽车"走出去"创造了奇迹，也创造了历史。中国自主品牌汽车，包括集先进技术于一身的智能电动汽车已经进入欧洲的千家万户。中国自主品牌新能源汽车，从功能技术到外观设计，都为当地消费者所接受、所喜爱。中国汽车产业无论是出口数量、海外建厂，还是多种形式的全球布局，都取得了不俗的成绩。

一、中国汽车产业国际化发展正在起步

中国汽车产业"走出去"战略是中国加入 WTO 后融入世界经济的必然选择，亦是中国经济不断发展的现实需要。作为国民经济的支柱产业，汽车产业要做引领者，必须要实现全球化。加入 WTO 后，汽车整车进出口经历了十年的快速发展期。国际化发展路径也从简单的出口贸易模式逐渐发展为海外建厂、当地采购零部件、当地销售的"因地制宜"模式。如上汽集团在美国硅谷、以色列特拉维夫和英国伦敦设立三个创新研发中心，在泰国、印度尼西亚、印度建立了三个海外生产制造基地，在欧洲、南美、中东、北非、澳新和东盟等地设立了多个营销服务中心，建立了近 810 个海外营销服务网点。奇瑞汽车在欧洲、北美、中东，以及巴西等地建立了全球研发基地，拥有 10 家海外工厂，1500 余家经销商和服务网点，覆盖"一带一路"沿线 70% 以上的国家和地区，海外总产能达到年产 20 万辆。长城汽车先后在日本、美

国、德国、印度、奥地利和韩国等地设立海外研发中心,在厄瓜多尔、马来西亚、突尼斯和保加利亚等多国建设了散件组装工厂,而且在俄罗斯、泰国、巴西等地建立了整车制造工厂。此外,长安汽车、吉利汽车、小鹏汽车等车企也通过在海外建设工厂和研发中心的方式开启了全球化布局。

二、积极推进汽车产业国际化进程

(一)"一带一路"加快推动中国汽车产业国际化

2013 年 9 月和 10 月,国家主席习近平分别提出建设"新丝绸之路经济带"和"21 世纪海上丝绸之路"的合作倡议。接下来的近 10 年间,"一带一路"倡议的落地实施,推动了中国与沿线 60 多个国家和地区在交通基础设施、贸易与投资、能源合作、区域一体化、人民币国际化等领域开展合作,为中国汽车企业"走出去"提供了从政策背景、贸易环境到资金、文化等各方面的支持,为走出国门的汽车零部件企业提供了前所未有的历史机遇。同时,中国汽车产业也一直是"一带一路"国际合作建设的先行者,以实际行动践行"一带一路"倡议的落地和实施。据中国汽车工业协会统计数据显示,2014 年,中国向"一带一路"沿线国家共出口汽车整车 64.07 万辆,同比增长 23.75%,占汽车整车出口总量的 60.23%;汽车商品出口累计金额 294.60 亿美元,同比增长 9.06%。

在"一带一路"倡议的推动下,整车及零部件产业进出口均取得长足发展,涌现出了如一汽、上汽、长安、奇瑞、吉利等典型代表。上汽、长安、吉利等中国车企在海外布局建厂,并开始发挥较好的作用。这些直接投资的工厂,支撑了中国品牌在海外落地生根,为未来发展奠定了坚实的基础。一汽、上汽、长安等国有汽车集团,到"一带一路"国家合资或独资设厂,积极输出中国经验,为当地经济社会发展做出了重要贡献。

如今,中国车企借助"一带一路"合作倡议,因地制宜,深入了解当地消费者的实际需求。从过去的"互相拆台"转变为携手合作,共担出口风险,共享出口红利。中国汽车企业在"一带一路"国家投资设厂已成为合作共赢的典范,促进了国家间的互联互通,加强了人文交流,很大程度上改变了当地的产业结构,扩大了人们的生活半径,使中国汽车产业真正走上了国际化发展的快车道。

（二）行业管理政策持续提高扩大对外开放水平

为推动汽车产业更多地参与到全球化竞争中，国家出台了一系列举措。2018年4月10日，国家主席习近平在博鳌亚洲论坛上宣布了我国在扩大对外开放水平方面将采取的一系列重大举措，其中之一是降低汽车进口关税。自2018年7月1日起，经国务院批准，将税率分别为25%、20%的汽车整车关税降至15%，降税幅度分别为40%、25%；将税率分别为8%、10%、15%、20%、25%的汽车零部件关税降至6%，平均降税幅度46%。

2018年，汽车合资企业外资股比政策限制开始放开，取消专用车、新能源汽车外资股比限制；2020年，取消商用车外资股比限制；2022年，取消乘用车外资股比限制，同时取消合资企业不超过两家的限制。

2018年7月10日，特斯拉公司与上海市政府、上海临港管委会共同签署了纯电动汽车项目投资协议，特斯拉公司在上海临港地区独资建设集研发、制造、销售等功能于一体的特斯拉超级工厂，标志着特斯拉超级工厂正式落户上海临港地区，这是中国首个外商独资整车制造项目，也是特斯拉首个海外工厂。2018年10月11日，宝马集团宣布计划出资36亿欧元，在合资企业华晨宝马中的股比从50%增加到75%。

2021年12月27日，国家发展和改革委员会、商务部发布《外商投资准入特别管理措施（2021年版）》。自2022年1月1日起，取消乘用车制造外资股比限制，以及同一家外商可在国内建立两家及两家以下生产同类整车产品的合资企业的限制，在中国实施20余年的合资股比限制政策退出历史舞台。

三、中国汽车产业国际化影响力初步形成

习近平总书记多次强调，中国开放的大门不会关闭，只会越开越大。中国大力推动形成以国内大循环为主体、国内国际双循环相互促进的新发展格局，目的是通过发挥内需潜力，使国内市场和国际市场更好联通，更好利用国内国际两个市场、两种资源，实现更加强劲的可持续发展。

中国汽车"走出去"在产品结构、出口区域、规模数量，以及企业出海自信心等方面都发生了巨大变化。产品结构已经从以商用车为主转变为涵盖乘用车、商用车等多种车型，出口区域也从东南亚实现了向欧美日等发达国家和地区的覆盖，全球布局迅猛发展的背后，既有技术进步和综合国力不断增强的原因，也得益于"一带一路"建设中逐渐形成的良好国际市场环境，

更多中国汽车企业融入全球产业链、供应链、创新链。

（一）整车进出口方面

2012年，中国汽车整车出口量增长明显，出口量突破100万辆，达到105.61万辆。但2013年，中国汽车整车出口量跌破100万辆大关，出口量为97.73万辆，之后几年中国汽车整车出口量震荡下行，直到2017年，中国汽车整车出口量重新突破百万辆大关。

2018—2019年，中国汽车市场连续两年下滑，且降幅有所扩大。国内市场遇冷，但新兴国家的汽车市场还有很大发展空间，广阔的海外市场成为自主品牌的新蓝海。中国汽车积极"走出去"，不但有利于自主车企摊薄研发、制造、品牌宣传等成本，还能进一步推动产品价值升级、企业创新驱动、品牌高端发展，未来甚至反哺国内市场。如2018年，长安汽车与巴基斯坦MML（Master Motors Limited，MML）公司签署合资框架协议，组建长安汽车在海外首家合资公司，长安汽车正式进入巴基斯坦市场。

2020年，受新冠疫情影响，汽车出口呈现下滑趋势，出口总量达99.5万辆，同比下降2.9%。其中乘用车表现较好，SUV出口量为53.1万辆，同比增长29.7%，成为拉动汽车出口增长的主力。新能源汽车全年累计出口量为7.0万辆，同比增长89.4%，其中纯电动汽车出口量为4.4万辆，同比增长94.3%，插电混合动力汽车出口量为2.6万辆，同比增长81.8%。

2021年，中国汽车出口总量为201.5万辆，同比增长1倍，实现了历史性跨越，中国汽车产业全球化发展迈入新阶段。2021年，在出口排名前10的企业中，有9家中国品牌汽车企业，且均呈现快速增长，其中有4家企业出口增速超过100%。乘用车和商用车出口均高速增长。乘用车出口量为161.4万辆，同比增长1.1倍，SUV占据绝对主导，说明中国品牌在SUV车型方面更具竞争优势。商用车出口量为40.2万辆，同比增长70.7%，客车和货车均呈现高速增长。

2022年，中国汽车出口量首次突破300万辆，达到311.1万辆，同比增长54.4%，汽车产品的国际影响力持续提升。从产品类别看，乘用车和商用车出口量均高速增长，分别为252.9万辆、58.2万辆，同比增长56.7%和44.7%。中国新能源汽车出口量为67.9万辆，同比增长118.3%，占出口总量21.8%，继续保持全球第一大新能源汽车出口国的地位。

在电动化时代，中国汽车"走出去"的优势正日益彰显。在以往传统燃油汽车难以企及的欧洲市场，电动汽车更是凸显了新的亮点。2022年，我国汽车出口区域主要分布于欧洲、东南亚、南美洲等地区，汽车出口量排名前10的国家依次是墨西哥、沙特阿拉伯、智利、比利时、俄罗斯、澳大利亚、英国、菲律宾、马来西亚和阿联酋。中国自主品牌新能源汽车在抢占发达国家和地区市场的同时，不再依靠低价取胜。

（二）研发能力方面

中国自主品牌车企在全球布局上持续发力，多家车企在欧美等发达国家和地区设立研发中心，将全球化的新理念、新设计、新技术凝聚于新车型上，极大地改变了车型"10年一贯制"的"老面孔"，带来的是科技感、中国风、个性化。中国汽车行业在新能源汽车"三电"等核心技术方面有了突飞猛进的发展，部分领域从技术到市场份额均居世界前列，如新能源汽车动力电池在全球市场份额遥遥领先。而智能网联、自动驾驶领域的技术集成及演化速度也在提速，已成为新能源汽车时代中国汽车"走出去"中备受瞩目的亮点。掌握核心技术为中国汽车"走出去"增添了底气、勇气和志气。在新能源汽车零部件方面，驱动电机技术基本与国外水平同步，大部分已经接近国际先进水平；在电机控制方面，也基本掌握了核心零部件的关键技术；在动力电池方面，中国企业更是走在了世界前列。

（三）零部件产业方面

得益于政府政策扶持、资本市场助力，以及高新技术的飞速发展，部分汽车零部件优势企业的研发制造能力进一步提升，已经成为国内顶尖、世界一流的汽车零部件供应商，得到全球整车制造企业的广泛认可。在全球百强零部件配套供应商名单中，有近10%为中国企业。

在汽车零部件出口方面，随着汽车零部件采购全球化趋势的发展，中国汽车零部件行业结束了面向单一客户、单一市场的局面，加大了汽车零部件产品的出口。目前，中国汽车零部件出口贸易已基本覆盖全球主要国家和地区。

随着近十年来我国汽车零部件制造水平的不断提升，汽车零部件出口贸易已经形成了以发达国家为主，新兴市场及次发达国家为辅的基本格局。近年来，我国汽车零部件企业的出口总额呈现总体上升的态势。根据海关总署数据，2022年，我国汽车零部件出口总额约为5411.28亿元，同比增长7.4%，零部件进口总额约为2079亿元，同比下降14.7%，贸易顺差为3332.74亿元。

自 2015 年以来，我国汽车零部件（含汽车关键件、零附件、玻璃、轮胎，下同）出口总额持续增长，尤其是 2021 年以来，汽车零部件出口总额屡创新高。

从出口产品来看，汽车关键件出口的主要大类是车架和制动系统，主要出口至美国、日本、德国、墨西哥；车轮主要出口至美国、日本、墨西哥、泰国；车用照明装置和线束主要出口至韩国、日本、美国和泰国；变速器主要出口至韩国、美国、俄罗斯；汽车玻璃主要出口至美国、韩国、日本、德国；汽车轮胎主要出口至美国、澳大利亚、墨西哥、沙特阿拉伯等国。

在新能源汽车以及部分传统零部件制造领域，中国产生了一批具有全球竞争力的企业。如宁德时代作为全球领先的动力电池企业，凭借领先的电池技术，装机量连续多年位列全球第一，2022 年，全球市场占有率高达 37%。

中国汽车"走出去"发生巨大变化，汽车产业百年大变革中的新气象令人鼓舞。中国汽车要坚定不移"走出去"，为世界贡献更多"中国智慧""中国方案"，书写更新更美的"中国乐章""中国故事"。中国汽车产业应坚定全球化发展道路，既要在品牌、技术、质量、环保和售后服务等方面建立自己的特色，也要发挥中国制造的优势，提倡工匠精神和自主创新，更要强调本土化，在东道国履行企业社会责任，注重环境保护，维护消费者权益。提升全球资源配置效率，提高创新能力，通过创新与合作占领技术与市场的制高点。

第五节　布局聚焦智能网联汽车发展

一、智能网联汽车引领新一轮产业革命

目前，全球制造业正面临新的科技革命冲击，互联网、大数据、云计算、人工智能等新技术给传统制造业带来了史无前例的颠覆和创新。汽车产业正面临百年未有之大变局，互联网公司、科技公司等外部力量携带算法、数据、运营模式、应用生态等方面的优势积累，纷纷跨界进入汽车行业，凭借优秀的产品体验和创新的运营模式，加速推动了汽车产业的转型升级，改变了人与车、车与车、车与环境的传统商业模式和生态结构。

为了适应新的变化，汽车产业必须与信息、数据、人工智能等相关产业紧密结合，并逐渐向能源、交通、环境等其他领域拓展，最终深入人类社会的方方面面，为人们带来生活、出行、娱乐等方面的全面变革。一方面，汽车产业和新技术形态深度整合了本轮科技革命的主要核心技术，为产业升级

提供了强有力的科技驱动力;另一方面,解决汽车社会的能源消耗、环境保护、交通拥堵和行车安全等问题的需求日益迫切,产业可持续发展的压力与日俱增,促使汽车产业必须通过技术变革实现自我革新并提出相应解决方案。

汽车产业格局发生重大变化,产业伙伴多样化,合作模式多元化。除了传统整车企业、供应商,信息通信技术企业、科技公司、运营服务商、内容服务商,以及基础设施服务商不断向汽车产业涌入,垂直的上下游产业链逐渐向交叉网状的出行生态结构演变。汽车产业逐渐进入产业无边界的局面。产业可以无边界,但企业经营需要有清晰的界限。汽车产业格局重构的最大挑战在于寻找未来产业发展的核心。智能网联汽车的发展,正在加速产品升级、技术突破和产业重构。

从国家层面来看,在全球汽车产业竞争的新格局下,汽车产业作为中国国民经济发展重要支柱产业的地位将更为巩固,如何促进中国智能网联汽车的发展无疑具有极为重要的现实意义,也是时不我待的一项工作。从经济发展层面来看,汽车产业作为跨界融合、体量巨大的产业,其良好发展对实现国民经济持续健康发展和创新驱动发展都具有重要的推动作用;从社会和环境层面来看,智能网联汽车的发展能够有效减少交通事故及人员伤亡、缓解交通拥堵、减少能源消耗及环境污染等。

智能网联汽车加速发展的势头正盛,产业融合竞争的局面趋稳,抢占智能网联汽车核心技术高地战略意义重大,但不可回避,中国现有汽车管理体制难以适应跨界融合发展。为此,国家相关部门针对加快推动智能网联汽车过程中所面临的问题,从战略规划、法律法规、标准规范、研发创新等方面出台了多项政策,鼓励大力发展智能网联汽车,并且提出了具体的目标要求。

从改革层面来看,新技术、新商业模式的发展,特别是新企业的冲击,为推动相关领域体制机制改革提供了良好机遇。发展智能网联汽车不仅是构建智慧出行服务新型产业生态的核心要素,更是推进交通强国、数字中国、智慧社会建设的重要载体,已成为新时代汽车产业转型升级的重要突破口、全球汽车产业技术变革的战略制高点。

二、扎实推进智能网联汽车管理体系建设

当前,单车运行可以归纳出三大自动驾驶技术路线,一是以谷歌为代表的无网联的自动驾驶,二是以特斯拉为代表的有网联的自动驾驶,三是以优

步/沃尔沃为代表的有网联、共享车模式的城市自动驾驶。这三种路线均需要单车人工智能，道路等基础设施对自动驾驶不起作用，或者是只能起到辅助作用，目前产品的安全性、可靠度都较差，大规模上路应用可能需要到2035年或以后。经过研究探索，目前我国正在推动智能网联汽车"中国方案"，并已经在行业内达成共识，一方面是单车智能无法实现全场景覆盖，如由于障碍物遮挡而无法准确监测道路的盲区。另一方面车路协同涉及整个行业，包括车辆控制、智能交通等整体的发展规划。实施车路协同需要强有力的政府投入和推动，单靠企业间松散的联盟是很难实现的。中国通过宏观调控，将资源配置覆盖道路、交通、汽车、通信等多个行业。不论是技术实现，还是量产应用，车路协同都更符合中国的实际情况。

（一）加快构建产业发展战略

推动中国智能网联汽车产业快速发展，是国家实施创新发展战略的重要内容，也是完善汽车产业结构发展升级的重要举措。加快智能网联汽车产业发展，解决智能网联汽车产业发展中存在的困境，离不开战略规划的引导。党中央、国务院审时度势，研究拟定应对策略，完善顶层设计，强化产业发展体系建设，解决我国智能网联汽车产业发展战略选择、产业布局、技术创新，以及产业政策等重大问题，确定中国智能网联汽车发展的中长期战略方向、发展目标、实施路径、重点任务，以及保障措施，并拟订近期行动计划，确保各项工作有序推进，着力解决行业发展过程中面临的问题。

2018年，工业和信息化部发布《车联网（智能网联汽车）产业发展行动计划》，明确以网络通信技术、电子信息技术和汽车制造技术融合发展为主线，充分发挥中国网络通信产业的技术优势、电子信息产业的市场优势和汽车产业的规模优势，推动优化政策环境，加强跨行业合作，突破关键技术，夯实产业基础，形成深度融合、创新活跃、安全可信、竞争力强的车联网产业新生态。

2020年，国家发展和改革委员会、工业和信息化部、科学技术部等11个部委联合发布《智能汽车创新发展战略》，提出了构建协同开放的技术创新体系、跨界融合的产业生态体系、先进完备的基础设施体系、系统完善的法规标准体系、科学规范的产品监管体系、全面高效的网络安全体系等六大任务，明确智能汽车发展任务，推进突破关键技术瓶颈，促进产业发展，加速汽车产业转型升级。

这些政策的出台从宏观层面上解决了中国智能网联汽车发展的方向和路径问题。

（二）不断完善产业标准体系

智能网联汽车产业发展需要强化标准化体系建设，强化技术应用与引导。通过标准体系建设促进产业发展，推动智能网联汽车产业规范化建设。在中国汽车标准体系建设中，技术标准与国际标准衔接存在一定障碍，技术标准验证不充分，要经过长期运行实践，才能总结提炼形成试验方法和评价指标。为此，在标准法规层面，中国已形成国家强制性标准、国家推荐性标准和行业推荐性标准、团体标准相结合的标准体系，以引导与规范产业发展。在智能网联汽车领域，相关标准研究与制定工作正紧锣密鼓地开展。

2017年12月，工业和信息化部、国家标准化管理委员会联合发布《国家车联网产业标准体系建设指南（智能网联汽车）（2017年）》。2018年4月，汽车标准化技术委员会成立智能网联汽车分技术委员会，围绕汽车驾驶环境感知与预警、驾驶辅助、自动驾驶，以及与汽车驾驶直接相关的车载信息服务等专业领域，目前已经启动多项标准制定工作。

2018年11月，为进一步加强标准协同，汽车标准化技术委员会、智能交通协会、通信和交通管理标委会共同签署《关于加强汽车、智能交通、通信及交通管理C-V2X标准合作的框架协议》，推动C-V2X等新一代信息通信技术及其在汽车和交通行业应用等相关14项标准研究、制定及实施工作。2019年5月，工业和信息化部发布《2019年智能网联汽车标准化工作要点》，主要内容包括标准体系建设指南及动态完善标准体系、系统布局技术领域、加快重点标准制修订、履行国际协调职责并加强标准交流与合作。

2021年4月，公安部发布了《中华人民共和国道路交通安全法（修订建议稿）》公开征求意见的公告，明确了具有自动驾驶功能的汽车进行道路测试和通行的相关要求，以及违法和事故责任分担规定。同月，新修订的《中华人民共和国道路交通安全法》正式发布。同年，工业和信息化部发布《关于加强智能网联汽车生产企业及产品准入管理的意见》，为智能网联汽车进入商业化应用提供政策依据。2022年，工业和信息化部、公安部就《关于开展智能网联汽车准入和上路通行试点工作的通知》公开征求意见。

(三)提升测试场、路侧单元等配套设施建设速度

截至 2018 年,美国建成了 M-City、SmartRoad、GoMentum Station 等测试场地,主要用于自动驾驶技术和 V2X 技术测试。英国和瑞典建成了包含具有测试智慧交通、自动驾驶、V2X 技术测试功能的综合性测试场地。与国外建成的先进测试与试验场地相比,中国智能网联汽车测试场地建设速度仍需加快,已经建立的智能网联汽车试验场地多是在传统测试场地基础上改造而建成的。测试场地环境要素、交通要素、设施要素等需要重新集成,需进行大量测试与数据收集,验证场地具有综合测试功能之后才能投入使用。

在路侧方面,为促进顶层设计的落地,政府主管部门同步加大了配套政策出台力度,一方面提升设施智能化水平。2021 年,国务院发布《国家综合立体交通网规划纲要》(以下简称"纲要"),该纲要提出加快智能交通建设,加快智能网联汽车 C-V2X 路侧配套设施建设,促进车路协同发展。另一方面加快新一代信息基础设施建设,工业和信息化部发布《工业和信息化部关于推动 5G 加快发展的通知》,加快 5G 网络等信息基础设施建设与商用步伐,促进车联网技术的应用。

(四)测试区构建推动智能网联汽车示范应用

中国各省市区积极推动载人载物智能网联汽车示范应用,港口、矿区等特定场景率先开展试点运营,有序开展自动驾驶出租车、自动驾驶公交车、无人物流、无人环卫等限定区域开放道路示范应用。在特定场景方面,整车企业、科技公司和港口、矿山运营企业广泛合作,推动港口、矿山高度自动驾驶示范运营项目落地。在限定区域方面,以自动驾驶出租车为代表的自动驾驶技术进入示范应用与商业化探索阶段,面向社会公众的自动驾驶载人示范与商业试点陆续在部分城市开展。新冠疫情加速无人配送试运营应用,无人配送车在多地实现医疗物资、生活保障物资等及时送达。

目前,全国已开放智能网联汽车测试道路里程超 1.5 万公里,自动驾驶出租车、无人巴士、自主代客泊车、干线物流,以及无人配送等多场景示范应用有序开展。在网联发展方面,全国 17 个测试示范区、16 个"双智"试点城市、7 个国家车联网示范区完成了 7000 多公里道路智能化升级改造,装配路侧网联设备 7000 余台套。

(五）推动"人—车—路—云"①出行生态建设

近年来，工业和信息化部组织开展长三角跨省域车联网 C-V2X 协同应用实践，推动建立"人—车—路—云"全面连接、高效安全的城市智慧交通出行生态。多款前装 C-V2X 的车型发布并推动量产前装和规模化应用落地，C-V2X 产业化进程全球领先。在云平台与大数据技术方面，云控基础平台建设已在部分示范区启动，初步建立了网联云控对外服务能力，实现了车路数据融合和云控协同感知、协同决策、协同控制等网联自动驾驶应用落地，国家层面大数据云控基础平台启动建设。中国 C-V2X 在频谱管理、标准法规、技术研发、测试验证、终端应用等方面得到快速发展，初步形成围绕 C-V2X 芯片、终端和系统等产品的全产业链，加速构建网联技术路径和产业生态体系。

三、智能网联汽车产业链体系逐步形成

随着智能网联、人工智能等技术的快速发展，汽车产业竞争格局加快重塑，中央和地方政府加大对智能网联汽车发展的政策支持力度，加速生态建设，一整套以国家政策支持为基础，涵盖技术研发、产业合作、产品制造、消费渗透的智能网联汽车产业链体系正逐步形成。

技术层面，信息通信、互联网、大数据、云计算、人工智能等新技术在汽车领域广泛应用，汽车正由人工操控的机械产品加速向智能化系统控制的智能产品转变。国内在车规级高精度传感器、计算芯片、操作系统、人工智能核心算法等核心技术领域相比国外虽然起步较晚，但通过近几年的突破，取得了显著成果。在传感器方面，速腾聚创、禾赛科技、镭神智能、大疆等企业推出多款机械/半固态激光雷达产品，产品性能直追欧美产品；毫米波雷达整机实现量产应用，毫米波雷达芯片等核心器件取得突破性进展。在计算芯片方面，华为、地平线、黑芝麻等纷纷发布智能网联汽车高性能芯片。在操作系统方面，华为、中兴、东软、国汽智控、普华基础软件等也在积极开发自动驾驶操作系统核心平台技术，其中东软睿驰发布了基于 AUTOSAR 的

---

① 指利用新一代信息与通信技术，将人、车、路、云的物理层、信息层、应用层连为一体，进行融合感知、协同决策与控制。

NeuSAR 产品，为整车企业及零部件供应商提供面向下一代汽车通信和计算架构的系统平台，华为开发鸿蒙系统，为智能座舱、自动驾驶提供了系统平台。在人工智能核心算法方面，百度、旷视、商汤等科技公司开展相关研发工作，也取得了一定的成果。

产业层面，智能网联汽车已成为产业融合发展的重点。传统汽车企业快速转型，汽车与相关产业全面融合，产业边界日趋模糊，呈现智能化、网络化、平台化的发展特征。在"软件定义汽车"时代，传统 Tier1 巨头在原有硬件和系统业务优势的基础上，开始加强软件相关业务的布局。新兴合作模式的出现也对传统的汽车产业链合作形态进行重塑；车企也在纷纷通过成立子公司、设立软件部门，以及产业链合作等方式，组建软件团队，弥补自身在软件领域的短板。科技企业与传统车企跨界融合逐步由浅入深，主要方式为合作打造子品牌、成立合资公司，科技公司正式进入造车行列。

应用层面，汽车产品功能和使用方式正在发生深刻变化，由单纯的交通运输工具逐渐转变为智能移动空间，兼有移动办公、移动家居、娱乐休闲、数字消费、公共服务等功能，推动车联网数据服务、共享出行等生产生活新模式加快发展。在智能产品搭载方面，2022 年，搭载 L2 驾驶辅助功能乘用车销量为 694.1 万辆，较上年度增长 45.6%，渗透率达 34.9%。其中，新能源汽车 L2 功能渗透率达到 45.7%，远超燃油汽车，电动化与智能化、网联化深度协同发展。L3 驾驶辅助功能技术取得关键性突破，2021 年，长安汽车发布了搭载 L3 驾驶辅助功能的产品；L4 自动驾驶正积极拓展在不同场景下的应用，如百度 Apollo 在自动驾驶出租车、无人小巴、自主泊车等技术储备相对全面。智能交互产品应用规模逐渐提升，液晶仪表、HUD、DMS 等配套量份额同比增幅较大，市场渗透率也同步提升，其中 DMS 产品渗透率达到 3.8%，HUD 产品渗透率达到 6.5%。

渗透率层面，国家经济发展总体向好及汽车消费水平持续提高，为智能网联功能搭载提供了成本空间。《节能与新能源汽车技术路线图 2.0》提出，2025 年，中国 PA/CA 级智能网联汽车占汽车年销量 50%以上，C-V2X 终端新车装备率达 50%；2030 年，PA/CA 级智能网联汽车占汽车年销量 70%以上，HA 级超过 20%，C-V2X 终端装配基本普及。

总而言之，汽车产业正在经历前所未有的深刻变革，引发竞争格局与产业生态的全面重构，进而带来宝贵的战略机遇，不仅将对未来汽车以及相关众多产业产生全方位的深远影响，而且将会影响整个人类社会的生活形态，并为经济可持续增长创造全新活力。

第六节 多措并举促进汽车消费，不断激发市场潜力

汽车消费政策为汽车市场发展保驾护航。中国一系列的汽车消费政策，包括分阶段的购置税优惠政策；车检新政（6 年以内的非营运轿车和其他小型、微型载客汽车免上线检测，10 年内只需上线检测 2 次）；淘汰黄标车，加快淘汰老旧机动车，对高排放机动车进行专项整治，鼓励使用清洁能源汽车；地方一系列的购车置换补贴等，均是有针对性地释放中国潜在的汽车消费需求，力争在短期见到效果，又不对未来市场产生透支效应。

一、以促进新能源汽车消费为重点，持续壮大汽车市场发展新动能

新能源汽车销量高速增长的背后，坚定不移的政策支持起到了有力的推动作用。政策支持一方面加快新技术的市场化推广；另一方面，政策补贴可以有效消除新能源汽车与传统燃油汽车的成本差距，加快市场化进程。2012 年左右，全球新能源汽车刚刚起步，采用直接补贴方式的国家非常少，欧洲、美国、日本等国家和地区多采用优惠的税收政策来鼓励新能源汽车的市场应用。现在看来，中国独创的财政补贴政策对新能源汽车的市场推广应用起到了非常好的促进作用，直至今日，其他国家还在纷纷效仿。从近年的实施效果来看，这是一项非常正确的决策。我们充分发挥了中国的制度优势，为全世界新能源汽车发展开创了新的发展道路。

中国新能源汽车补贴政策始于 2009 年，同年实施的"十城千辆"工程对中国乃至全世界的新能源汽车发展都具有开创性作用。《节能与新能源汽车产业规划（2012—2020 年）》明确了纯电驱动、采用补贴和全面优惠的政策扶持，以及各行业配合推进新能源汽车市场化等各项重要内容，为新能源汽车的市场化发展指明了方向，是继"十城千辆"工程后促进中国新能源汽车市场推广的又一重要政策。

2014—2016 年，国务院领导多次调研和组织召开专题会，就新能源汽车市场推广过程中的问题进行研究解决。工业和信息化部、财政部、科学技术部、国家发展和改革委员会联合公安部、住房和城乡建设部等部委，逐步建立了支持新能源汽车发展的政策体系。其间，成立了中国电动汽车充电基础

设施促进联盟，促进充电基础设施的建设和安全运营，为新能源汽车市场应用创造了便利的使用环境。

从消费端刺激政策来看，重点就扩大消费过程中的问题进行疏导和整改，确保消费环境健康发展。例如，鼓励加快城乡充电设施建设的速度，确保新能源汽车保有量同步发展。总体来说，中国新能源汽车的快速发展再次证明，我国充分发挥中国的制度优势，在政府强有力的推动下，各有关部门密切配合，加快了中国新能源汽车的市场化进程。

二、以扩大汽车置换升级为重点，积极促进居民汽车消费结构升级

2012 年，国内汽车销量为 1930.64 万辆；2022 年，国内汽车销量达 2686.4 万辆。十年增幅高达 39%，汽车销量连续 14 年位居全球第一。中国汽车消费已经呈现出城镇置换升级与农村普及消费并重的"二元结构"特征。2022 年，全国汽车保有量达 3.19 亿辆，占机动车总量的 76.59%，持续保持稳定增长。从千人汽车保有量来看，我国千人汽车保有量由 2012 年的 89 辆提高到 2022 年的 226 辆，已超过世界平均水平。按照日韩汽车消费发展经验，千人汽车保有量从 150 辆提高到 250 辆、500 辆，年均增速将大幅降低。2022 年，全国二手车市场累计交易量 1602.78 万辆，新旧车交易比达 1.68∶1，表明置换升级需求成为支撑汽车销售的重要力量。未来一段时期，中国汽车消费市场将总体保持高位低速增长态势。

这一时期，由于排放标准提高、油耗升级、淘汰黄标车等，带动消费升级趋势越发明显。多元化车型、高端品质车型、科技配置需求趋势向上。2022 年，高端品牌乘用车销量完成 388.6 万辆，同比增长 11.1%，高于乘用车增速 1.6 个百分点，占乘用车销售总量的 16.5%，占比高于上年 0.7 个百分点。即使是在 2018—2020 年国内车市"三连跌"的背景下，中国汽车市场豪华车年度销量仍然分别同比增长 12.5%、11.9%和 14.7%。十年前人们要解决的是"买得起车"，现在的需求是"买好车"。从注重量的满足向追求质的提升转变，这是汽车市场消费升级的外在表现。

得益于消费升级，各个品牌百花齐放，豪华车品牌近年来表现亮眼。2022 年，宝马销量达 79.2 万辆，位居豪华车品牌销量首位；奔驰销量近 75.2 万辆，奥迪销量为 63.6 万辆。此外，凯迪拉克、沃尔沃等豪华车品牌也取得较好成绩。自主品牌也迎合了消费升级的趋势，销量整体向上。一汽红旗销量

从 2017 年的 4702 辆增长至 2022 年的 31 万辆，四年时间销量增长 66 倍。长城、长安、吉利、比亚迪、上汽等车企，以及蔚来、理想等造车新势力推出的高端车型，几乎涵盖了轿车、SUV、MPV 等各个细分领域。

从释放汽车消费需求的角度看，针对我国部分城市对汽车购买存在行政性限制措施，从 2015 年起，中国开始执行皮卡解禁政策和使用环境改善稳步推进，从省会城市到地级市，解禁政策逐步放开，一些地区对皮卡、房车等在进城、通行、露营等方面解除限制，鼓励了这些新兴汽车消费领域的持续增长。从打造有利于汽车消费的市场环境来看，市场监管和消费者权益保护不断加强，特别是关注汽车消费信心和购买意愿的培养。

2017 年 7 月 1 日，正式实施的《汽车销售管理办法》从品牌授权销售体制、消费者权益保护、市场主体关系、政府管理四方面进行改革，从根本上打破了汽车销售品牌授权单一体制，有助于汽车流通体系更加规范健康发展。鼓励发展共享型、节约型、社会化的汽车销售和售后服务网络，标志着汽车流通体系真正进入社会化发展阶段；推动汽车销售与售后服务分离，不得限制配件生产商的销售对象，不得限制经销商、售后服务商转售配件，有助于促进汽车流通全链条协同发展。

习近平总书记指出，构建新发展格局，要坚持扩大内需这个战略基点，使生产、分配、流通、消费更多依托国内市场，形成国民经济良性循环。要坚持供给侧结构性改革的战略方向，提升供给体系对国内需求的适配性，打通经济循环堵点，提升产业链供应链的完整性，使国内市场成为最终需求的主要来源，形成需求牵引供给、供给创造需求的更高水平动态平衡。2021 年 7 月 30 日，中央政治局会议提出，要挖掘国内市场潜力，支持新能源汽车加快发展。

三、深入挖掘后市场潜力，充分释放新兴消费需求

2012 年后，政策调整大门开启，后市场变革加速。2014 年，十部委出台《关于促进汽车维修业转型升级提升服务质量的指导意见》，进一步规范汽车后市场秩序，叫停汽车经销商品牌销售备案，破除行业垄断。《二手车鉴定评估技术规范》实施推行信息公开、配件平等销售、一车一卡一档案、配件统一编码规则试行等，开启了汽车后市场政策调整变革的大门。

2015 年，交通运输部第 10 次部务会议通过《交通运输部关于修改〈机动车维修管理规定〉的决定》，明确指出，托修方有权自主选择维修经营者进

行维修。除汽车生产厂家履行缺陷汽车产品召回、汽车质量"三包"责任外，任何单位和个人不得强制或者变相强制指定维修经营者；机动车生产厂家在新车投放市场后六个月内，有义务向社会公布其维修技术信息和工时定额；托修方、维修经营者可以使用同质配件维修机动车。2015年9月25日，交通运输部等八部委发布了《汽车维修技术信息公开实施管理办法》，详细规定了各种汽车技术信息的公开时间及具体要求。

开放政策为汽车后市场社会化服务体系的发展迎来了春天。整车、整机服务体系价格逐步走低，配套零部件企业后市场销售的藩篱逐步被打破，分销经济特征的配件多层次、多渠道的流通状况逐步被瓦解。同时，单一商品类目电商的兴起，进一步解决了专业领域互联网发展问题。信息对称实现了从制造商到消费者的信息直通，使产品销售垂直发展成为可能。可以预见，在政策环境引导、信息技术进化和需求变革的驱动下，多元化的融合发展促进中国汽车后市场开辟一片新的天地，社会各方面也主动拥抱汽车后市场大变革时代的到来。

第七节 汽车行业管理体系不断优化

党的十八大以来，汽车行业管理体系不断优化，管理思路更加清晰，管理成效更加凸显，有效促进了汽车行业健康、稳定、高质量发展。中国汽车市场平稳增长，节能与新能源汽车快速发展，出口高速增长，产业集中度进一步提高，汽车产业结构持续优化。自2012年起，中国汽车产业蓄力向上，产销量一路持续攀升，逐步跨越2000万辆、2500万辆，稳居世界第一。

一、行业准入适时调整

为适应新的管理需求，2018年11月，工业和信息化部发布《道路机动车辆生产企业及产品准入管理办法》（以下简称《办法》）。《办法》在总结《公告》管理经验基础上，优化审查工作流程，减轻企业负担。制定《办法》是适应新形势发展，促进产业转型升级的需要。近年来，互联网技术、信息通信技术与传统汽车制造技术深度融合，《办法》打通采用新技术、新工艺、新材料，以及新生产方式的企业及产品准入通道，鼓励、促进技术创新和新兴产业生态形成，为激发产业发展注入了活力。

二、产业投资宽严相济

党的十九大报告明确提出要全面深化改革,坚决破除一切不合时宜的思想观念和体制机制弊端,不断推进国家治理体系和治理能力现代化。

汽车产业是关系国计民生的战略性、支柱性产业。近年来,围绕推动汽车产业健康发展,国家出台多项政策。2015年6月,经国务院同意,国家发展和改革委员会、工业和信息化部发布《新建纯电动乘用车企业管理规定》,对新建纯电动乘用车企业投资项目和生产准入进行规范管理。2016年12月,国务院发布《政府核准的投资项目目录(2016年本)》,对汽车投资项目核准做出新的规定,明确提出"严格控制新增传统燃油汽车产能,原则上不再核准新建传统燃油汽车生产企业,积极引导新能源汽车健康有序发展"等要求。2017年6月,国家发展和改革委员会印发《关于完善汽车投资项目管理的意见》,提高传统燃油汽车投资项目准入标准,规范新能源汽车投资项目条件,加强产能监测预警,完善产业监督管理。

为贯彻落实好党中央、国务院关于汽车行业管理的系列决策部署,主动适应汽车产业发展新形势,深化汽车产业投资管理改革,加大简政放权力度,强化事中事后监管。2018年12月,国家发展和改革委员会发布《汽车产业投资管理规定》,进一步明确了汽车产业投资的发展方向,对燃油汽车企业建设项目进行约束,规范了纯电动汽车建设项目要求,更加系统地为产业发展确定方向,避免重复投资和资源浪费,规范行业健康发展。

三、强化管理严控安全

汽车作为道路交通运输的最重要组成部分,直接参与人民群众日常生活,汽车的安全运行关系到人民群众生命财产的安全。汽车安全运行是国家一直以来的监管重点,国家相关部委不断优化完善监管体系,利用多元的监管措施,扎实做好运行监管,保障道路交通的安全运行。

(一)不断完善新能源汽车安全体系建设

新能源汽车推广应用的安全问题不仅危害到人民群众的生命财产安全,也关系到战略性新兴产业的发展大局。国家相关部委积极研究制定监管办法和措施,加强对整车及动力电池零部件运行安全状态监测。

2015年8月，节能与新能源汽车产业发展部际联席会议办公室发布《关于开展节能与新能源汽车推广应用安全隐患排查治理工作的通知》，在产品设计、制造生产、运行使用、回收报废等环节，严把安全，确保节能与新能源汽车的安全运行。

2016年2月24日的国务院常务会议、7月6日的新能源汽车产业发展座谈会议，以及国务院发布的《关于加快新能源汽车推广应用的指导意见》等明确要求，汽车行业要高度重视新能源汽车全产业链、全生命周期的安全问题，把保障安全放在工作首位，把握关键环节，加快建立健全安全保障体系，推进新能源汽车产业可持续发展。2016年11月，工业和信息化部发布《关于进一步做好新能源汽车推广应用安全监管工作的通知》，规定新能源汽车生产企业要落实产品质量安全主体责任，地方政府有关部门要切实做好安全监管工作，行业组织要充分发挥行业自律和技术支撑作用，确保新能源汽车产业的良性发展，有效保证人民群众的生命财产安全。

2022年4月8日，工业和信息化部、公安部、交通运输部、应急管理部、国家市场监督管理总局等五部门联合印发《关于进一步加强新能源汽车企业安全体系建设的指导意见》，进一步压实新能源汽车企业安全主体责任，指导企业建立健全安全保障体系。

（二）专项整治货车非法改装

按照党中央、国务院决策部署，2015年8月，交通运输部、工业和信息化部、公安部、工商行政管理总局和质量监督检验检疫总局联合下发《关于进一步做好货车非法改装和超限超载治理工作的意见》，全面部署下一阶段治超工作。全国治超工作领导小组联合召开全国治理货车非法改装和超限超载工作电视电话会议，明确在全国范围内重点开展"三个专项行动"，即货车非法改装专项整治行动、整治公路货车违法超限超载行为专项行动、车辆运输车联合执法行动。

2017年1月，工业和信息化部办公厅、公安部办公厅、交通运输部办公厅、工商行政管理总局办公厅、国家质量监督检验检疫总局办公厅发布《关于开展货车非法改装专项整治行动的通知》，加大对货车非法改装行为的打击力度，着力从源头预防和遏制货车违法超限超载行为。整治货车非法改装工作任务重、难度大、时间紧，五部门联合行动，形成了"部门联动、齐抓共管"的局面，加强了非法改装源头治理，确保了专项整治行动取得实效，保障了人民群众生命财产的安全。

中国汽车工业现代化发展

为了贯彻落实习近平总书记关于安全生产的重要论述，按照国务院安全生产委员会《全国安全生产专项整治三年行动计划》部署和《道路运输安全专项整治三年行动实施方案》要求，2020年7月，工业和信息化部办公厅、公安部办公厅、交通运输部办公厅、国家市场监督管理总局办公厅联合发布《关于开展货车非法改装专项整治工作的通知》，决定自2020年7月至2021年5月组织开展货车非法改装专项整治工作，预防和遏制货车非法改装行为，保障道路运输安全。

通过集中排查、重点检查、突击抽查、专项治理等方式，强化危险货物运输车辆、自卸货车、半挂车、轻型载货汽车、混凝土搅拌运输车等5类重点货车生产改装监管，严把车辆生产制造源头质量关，落实货运企业对车辆安全监管的主体责任，严厉打击"大吨小标""百吨王"及倒卖合格证等违法违规行为，从严查处取缔一批严重违法违规的生产企业、维修企业、货运企业、检验机构和非法改装"黑窝点"，依法严肃追究相关违法违规企业和人员的法律责任，健全和完善货车生产改装监管机制。

随着中国特色社会主义进入新时代，中国汽车工业逐渐由汽车大国向汽车强国迈进。国家明确将新能源汽车作为战略性新兴产业，自2015年起，中国新能源汽车产销量连续8年位居全球第一。2022年，中国新能源汽车发展进入全面市场化拓展期，成为全球汽车电动化转型的重要力量。在这一阶段，党领导人民自信自强、守正创新，实现第一个百年奋斗目标，开启实现第二个百年奋斗目标的新征程，朝着实现汽车工业现代化继续前进。

第五章

中国汽车工业现代化取得辉煌成就

在以习近平同志为核心的党中央坚强领导下，中国汽车工业坚决贯彻落实习近平总书记提出的"发展新能源汽车是我国从汽车大国迈向汽车强国的必由之路""一定要把关键核心技术掌握在自己手里，我们要立这个志向，把民族汽车品牌搞上去"等一系列重要指示和要求，取得了历史性成就、发生了历史性变革。汽车关键核心技术不断突破，产业链供应链日益完善，企业实力显著增强，品牌力量逐步积蓄。我国全面推进对外开放，中国相继超越德国、日本成为全球第一大汽车出口国，综合实力和发展潜力位居世界前列，稳步迈向汽车强国。

第一节 核心技术水平取得长足进展

一、节能与新能源技术持续提升

节能技术水平达到国际先进水平并实现广泛应用。各大车企均致力于提升内燃机效率，大多通过采用高压缩比、米勒循环、变排量附件、低摩擦技术等先进技术，实现在内燃机领域的节能减排。2021年，以吉利和比亚迪为代表的中国汽车企业的混合动力高效发动机热效率已经超过43%，达到国际量产最高水平。在党的领导下，中国汽车节能技术各方面指标实现跃升，将有力推动双碳目标早日实现。涡轮增压技术、缸内直喷技术、先进变速器技术、怠速启停技术等节能技术实现快速发展，整车搭载率持续提升。2021年，先进变速器搭载率提升至83%，其中，无级变速器（Continuously Variable Transmission，CVT）和双离合变速箱（Dual Clutch Transmission，DCT）占比分别达到32.5%和31.6%，有力推进汽车节能化进程；怠速启停技术整体搭载率已达到72.8%，实现综合工况5%左右的节油效果。

轻量化和低阻力技术有力提升汽车产品的国际竞争力。无论是传统燃油动力汽车，还是新能源汽车，轻量化和低阻力技术都是实现节能减排的重要手段。近年来，无论是新材料的应用、制造工艺的更新还是结构设计的变革，轻量化和低阻力技术均为汽车制造业带来了翻天覆地的变化。汽车轻量化和低阻力技术始于发达国家，最早由传统汽车巨头引领，经过发展已产生一定规模。在乘用车方面，蔚来 ES8 成为国内首个独立研发并量产的轻量化全铝车身平台，在全铝车身上铝材的使用率高达 96.4%，成为全球量产的全铝车身中铝材应用量比例最高的车型。在载货汽车方面，以东风天龙重型载货汽车为例，该车采用框架式车身，高强度钢板用量占车身用钢的比例超过 40%，在满足严苛的瑞典 VVFS 安全法规的前提下，其发动机最低比油耗降至 185g/kW·h，油耗下降 5%～8%，经济车速提高至 80～90km/h。此外，虚拟后视镜、隐藏式门把手等低阻力设计为实现节能减排发挥重要作用，并成为未来车辆设计的重要趋势。

动力电池技术和应用水平达到国际领先水平。2022 年，中国动力电池单体质量能量密度达到 300Wh/kg 以上，系统质量能量密度超过 200Wh/kg，并实现批量应用。在全球排名前 10 的动力电池企业中，中国占据 6 席，宁德时代连续 5 年位列全球第一。此外，比亚迪的 CTB（Cell to Body）、宁德时代的 CTP（Cell to Pack）等技术，进一步将动力电池与车身或底盘结构件集成，通过结构、工艺等方面的优化，减少汽车零部件数量，有效提升新能源汽车续航里程。

电机技术自主化配套比例显著增高。中国驱动电机在功率密度、系统集成度、电机最高效率和转速、绕组制造工艺、冷却散热技术等方面取得持续进步，与国外先进水平并驾齐驱，质量功率密度已达到 4.2kW/kg 以上（见表 5-1）。同时，中国的驱动电机研究延伸至振动噪声和铁心、永磁体和绝缘材料层面，驱动电机的设计精度、工艺制造水平，以及产品质量进一步提升。2020 年，中国前 10 家驱动电机和电机控制器配套比例分别达到 73.3%和 75.8%，较 2019 年增加 21.1%和 26.1%。在前 10 家配套企业中，驱动电机和电机控制器的国内企业占比分别达到 60%和 70%，独立零部件企业占 6 家。

电控技术实现规模化应用。中国硅基器件的电机控制器性能指标已接近或超过国外先进水平（见表 5-2）。在电力电子器件方面，中国在 IGBT 功率模块封装与集成方面发展迅速，攻克了 IGBT 车用模块封装设计及核心工艺技术，在新能源汽车应用上实现了部分进口替代。2022 年，自主 IGBT 在国内市场占有率为 30%~35%，形成了一定的产业基础。

表 5-1 国内外典型乘用车驱动电机产品指标

技术指标	一汽 FME245	上海电驱动	精进电动	中车电动	美国通用 Bolt	德国博世	特斯拉 Model3
峰值功率/kW	245	125	130	130	130	150	165
最高转速/(r/min)	14500	13200	13200	12000	8810	16000	17900
峰值转矩/N·m	450	300	315	310	360	310	416
峰值效率/(%)	97	97	97	97	97	97	97
质量功率密度/(kW/kg)	4.90	4.30	4.56	4.20	4.60	4.40	4.50
冷却方式	水冷	水冷	油冷	水冷	水冷	水冷	水冷

表 5-2 国内外典型高密度电机控制器指标对比

技术指标	丰田普锐斯第 4 代	德国博世第 3 代	德国大陆第 3 代	精进电动单控制器	上海电驱动单控制器	上海大郡双控制器
控制器体积功率密度/(kW/L)	25.0	25.0	23.0	22.4	23.1	23.5
控制器质量功率密度/(kW/kg)	23.2	22.8	21.0	18.0	18.0	19.0
峰值功率/kW	105	125	135	135	125	260
直流电压等级/V	200~600	300~450	300~450	270~450	300~480	300~480
器件电流/A	350	400	450	820	800	800

全新开发的新能源汽车专用平台逐渐普及。在经历了早期"油改电"的产品迭代后，为新能源汽车设计专业整车平台已经成为技术发展的主流方向，也被看作一家车企在新能源领域专业性高低的重要标志之一。相对传统外资品牌，中国自主车企在电动化平台方面做到了全球领先，大部分企业已经加快推出了自己专属的纯电平台，如比亚迪 e 平台、广汽新能源 GEP 全铝纯电平台、上汽荣威名爵 E 平台、吉利 SEA 浩瀚平台、长城欧拉 ME 平台、红旗 FME 平台等，无论是硬件技术还是智能化软件系统，均实现长足进步。

二、智能网联汽车技术从追赶到并跑

"三纵三横"研发布局持续深化。2020 年 10 月，国务院办公厅印发的《新能源汽车产业发展规划（2021—2035 年）》为中国新能源汽车、智能网联汽车技术发展提供有力指引，提出强化整车集成技术创新。以纯电动汽车、插电式混合动力（含增程式）汽车、燃料电池汽车为"三纵"，布局整车技术创新链。

提升产业基础能力。以动力电池与管理系统、驱动电机与电力电子、网联化与智能化技术为"三横"，构建关键零部件技术供给体系。近年来，在顶层设计的统筹谋划和行业的协同驱动下，中国"三纵三横"技术体系逐渐完备，智能网联技术创新工程向纵深方向推进，企业跨界协同取得积极进展。

感知层逐步达到国际先进水平。中国企业量产的机械/半固态激光雷达产品在分辨率、探测范围等方面基本与国际先进水平持平，车载摄像头、毫米波雷达等领域正在努力追赶国际先进水平（见表 5-3）。禾赛科技、速腾聚创、镭神智能、华为等发布的多款激光雷达开始前装应用，其中，禾赛科技 128 线激光雷达探测距离超过 200 米，已量产应用于百度、文远知行、图森未来等多个自动驾驶科技企业的产品。

表 5-3　各类传感器特点

特　　点	车载摄像头	毫米波雷达	激光雷达
样式			
价格水平	最低	中等	昂贵
搭载率	高	中等	低
国产化情况	已实现国产替代	国产替代率较低	国产替代率较高
市场话语权	高	较低	较高

决策层部分核心技术实现技术追赶。决策系统主要包括车载计算平台、操作系统、算法解决方案等，其中，车载计算平台具有技术密集、投资成本高、竞争激烈等特点。总体来看，中国头部企业的车载计算平台技术水平与国际先进水平的差距在快速缩小（见表 5-4），如华为 MDC 600（智能驾驶计算平台）已与 20 余家主流车企和一流供应商建立了合作关系。车载计算芯片已经成为国际竞争的重要领域，以华为、地平线、黑芝麻、芯驰等为代表的国内厂商推出车规级 AI 计算芯片产品，在芯片算力、能效比等方面，与进口芯片产品差距逐渐缩小。操作系统作为智能计算平台的软件架构，被称为

整车的灵魂，是未来汽车构建完整生态体系的核心环节。一汽、蔚来等智能网联汽车头部企业基于底层操作系统自建驾驶平台，华为、阿里、腾讯和百度等互联网、ICT 厂商基于强大的应用生态优势，在与传统车企合作中融合各类功能，构建更加完整的操作系统与生态系统。算法解决方案通过 AI、大数据、V2X 等信息的感应融合及规划决策对油门、制动协调的纵向控制和转向的横向控制，实现对车辆的控制，华为、百度、纵目科技、经纬恒润、德赛西威、均胜电子等企业高级驾驶解决方案已装车行驶；整车企业也在加快智能驾驶解决方案布局，如长安联合华为、宁德时代共同开发的具备 L3 开发功能的智能电动网联汽车平台 CHN，将在量产车型阿维塔上实现搭载。此外，底盘线控制动、线控转向技术逐渐成熟，系统产品的自主化比例逐步提升（见表 5-5）。

表 5-4　国内外主要计算平台性能对比

国别	产品	算力	功耗比	方案	支持自动驾驶级别
中国	地平线 Matrix	40 TOPS	2 TOPS/W	征程芯片×10	L2～L4
	华为 MDC600	352 TOPS	1 TOPS/W	8×昇腾 310 芯片	L4 及以上
美国	特斯拉 HW 3.0	144 TOPS（有效 72 TOPS）	2 TOPS/W	FSD 芯片×2	L2～L4
	英伟达 DRIVE Pegasus Robotaxi	2000 TOPS	2.5 TOPS/W	2×Orin SOC+2×GPU	L4 及以上
以色列	Mobileye Eye Q4	2.5 TOPS	0.8 TOPS/W	—	L2～L3

表 5-5　国内外主流车载操作系统布局情况

厂商	系统	底层操作系统	合作企业
大众	VW.OS（开源）	QNX、Linux	大众
特斯拉	Version	Linux	特斯拉
蔚来	NOMI	Android	蔚来
谷歌	Android Auto Android Automotive OS	Android	奥迪、通用、本田、沃尔沃等
阿里	AliOS	Linux	荣威、名爵、MAXUS、东风雪铁龙、长安福特、观致、宝骏、斯柯达等
百度	小度车载 OS	QNX	奇瑞、长城、福特、起亚、吉利、红旗、威马等

续表

厂商	系统	底层操作系统	合作企业
腾讯	TAI	Linux、Android	宝马、奥迪、奔驰、广汽、长安、一汽、吉利、东风
华为	Harmony OS	Linux	北汽、长安、金康塞力斯、广汽等

加快布局网联技术并形成鲜明中国特色。随着中国信息通信产业的发展，C-V2X 快速发展，中国在标准体系建设、技术研发与产业化等方面全面领先。2021 年，工业和信息化部批准 5905—5925MHz 作为车联网直连通信专用频段，多部门联合组织开展 C-V2X "三跨""四跨""新四跨"互联互通测试活动，验证 C-V2X 技术和相关标准。中国已经构建了 C-V2X 芯片、终端和系统全产业链，产业体系全球领先，其中，核心芯片、模组，以及终端产品的研发已经基本成熟，华为、大唐等企业已发布车规级商用通信模组，与多家整车企业开展联合调试并实现小规模量产。同时，中国充分发挥市场与体制优势，实践车路云融合发展路径，明确提出并坚持智能化与网联化充分融合的技术发展路线。中国基于基础设施标准、联网运营标准、新架构汽车产品标准，已经探索出一条适合中国的智能网联汽车创新发展路径，并取得了阶段性成果。

三、推进智能网联汽车测试示范并取得良好效果

国家级智能网联汽车道路示范应用加速推进。截至 2022 年底，工业和信息化部、公安部和交通运输部累计授牌国家级智能网联汽车测试示范区（场）17 家，工业和信息化部授牌车联网先导区 4 家，住房和城乡建设部、工业和信息化部联合批复智慧城市基础设施与智能网联汽车协同发展试点城市 16 个。智能网联汽车加速与智慧城市融合发展，住房和城乡建设部在推动"智慧汽车基础设施和机制建设试点"基础上，与工业和信息化部合作开展"智慧城市基础设施与智能网联汽车协同发展"试点，先后发布两批试点城市名单，北京、上海、广州等 6 个第一批试点城市，以及重庆、深圳、厦门、南京、济南、成都、合肥等 10 个第二批试点城市，试点工作取得显著成效，逐渐形成可复制、可推广的经验。

地方政府大力推进示范区建设，测试道路里程和牌照数量再创新高。截至 2022 年底，全国累计开放超过 10000 公里测试道路，共计 90 多家企业申请超过 2000 张各类测试示范牌照，安全测试里程超过 4000 万公里。通过智

能网联测试和示范运营，有力带动上游配套产业链同步发展。地方性测试示范区与国家级智能网联测试示范区协同配合，共同保障中国智能网联技术测试认证和产业发展。

第二节　产业结构加快优化升级

一、新能源汽车成为市场增长的主要驱动力

在政策和市场双重因素的作用下，中国新能源汽车销量和渗透率持续提升，新能源汽车销量从 2014 年的 7 万辆提升至 2022 年的 688.7 万辆，渗透率也从 0.3% 提升至 25.6%。同时，新能源汽车市场也逐渐由政策驱动转向以市场为主，政策为辅的新型驱动方式，私人消费占比由 2016 年的 32% 跃升至 2022 年的 78%，二、三、四线城市及非限购地区的消费需求开始释放。

纯电动汽车成为新能源汽车发展的主要方向。从新能源汽车产品结构来看，2022 年，中国新能源汽车销量突破 688.7 万辆，其中，新能源商用汽车突破 33.8 万辆，且随着技术的进步和应用环境的改善，持续保持高速增长的态势。从新能源汽车动力类型来看，2022 年，中国纯电动汽车销量达到 537 万辆，依然是市场增长的主要驱动力，插电式混合动力汽车销量约为 152 万辆（见图 5-1）。

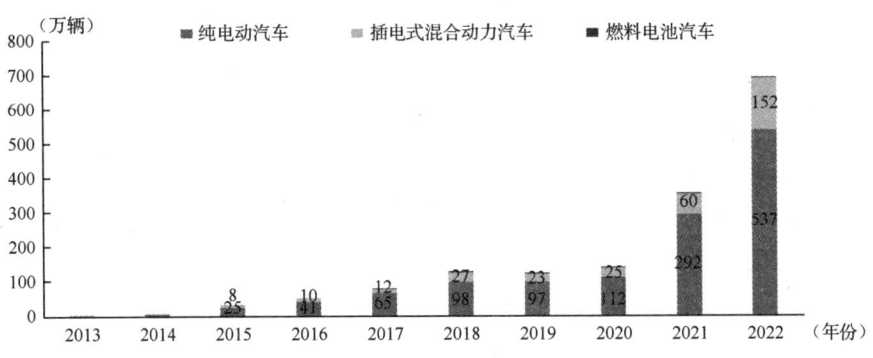

图 5-1　中国不同类型新能源汽车历年销量情况

二、智能网联汽车逐渐实现规模化应用

智能网联汽车发展愿景更加明晰。2020 年，国家发展和改革委员会、中央网络安全和信息化委员会办公室、科学技术部、工业和信息化部、公安部、

财政部、自然资源部、住房和城乡建设部、交通运输部、商务部、国家市场监督管理总局 11 部门颁布《智能汽车创新发展战略》，从战略层面引导智能网联汽车创新发展，明确开展复杂系统体系架构、复杂环境感知、智能决策控制、人机交互，以及人机共驾、车路交互、网络安全等基础前瞻技术研发，重点突破新型电子电气架构、多源传感信息融合感知、新型智能终端、智能计算平台、车用无线通信网络、高精度时空基准服务和智能网联汽车基础地图、云控基础平台等共性交叉技术。同年，国务院办公厅发布的《新能源汽车产业发展规划（2021—2035 年）》明确提出，到 2025 年，部分自动驾驶、有条件自动驾驶新车占比将达到 50%以上，高度自动驾驶车辆开始进入市场，C-V2X 终端新车装配率达到 50%，网联协同感知在高速公路、城市道路节点和封闭园区实现成熟应用，在限定区域内实现高度自动驾驶汽车的商业化应用。

中国智能网联汽车渗透程度显著提升。随着汽车与信息通信、人工智能、互联网等行业的深度融合，智能网联汽车已进入技术快速迭代、产业快速布局的新阶段，各大整车企业均加速智能网联汽车产业布局和技术突破，中国智能网联乘用车销量和渗透率实现大幅提升，2022 年，搭载 L2 驾驶辅助功能乘用车销量 694.1 万辆，较上年度增长 45.6%，渗透率达 34.9%。其中，新能源汽车 L2 功能渗透率达到 45.7%，远超燃油汽车，电动化与智能化、网联化深度协同发展（见表 5-6）。

表 5-6 搭载 L2 驾驶辅助功能乘用车销量

年份	2019	2020	2021	2022
搭载 L2 驾驶辅助功能乘用车销量/万辆	146.3	303.2	476.7	694.1
搭载 L2 驾驶辅助功能乘用车占比	6.8%	15.0%	23.5%	34.9%

智能网联汽车产业发展带动产业融合创新升级。汽车的智能化转型，一方面离不开基础设施的支撑和全产业协同演进，另一方面也进一步推进智能网联基础设施产业结构升级。其中，在高精度地图方面，中国已开展高精度地图测绘工作，逐步实现高精度地图商业化落地，在采集范围与地图制作领域逐渐达到国际先进水平。基于中国北斗卫星通信实时动态差分定位技术，中国已实现在开阔道路上的亚米级定位，与国际先进水平保持一致。在测试

评价方面，模拟仿真、封闭场地、实际道路等测试技术取得一定进展，中国典型驾驶场景数据库建设取得成效。

三、集群集聚效应逐步显现

中国已经形成较高集中度的汽车产业集群。中国高度重视产业集聚发展，党的十九大报告明确提出，要培育若干世界级先进制造业集群，指出产业集群的培育是提升我国制造业全球竞争力的核心战略，也是我国经济迈向高质量发展的重要任务。中国汽车产业组织结构不断调整，产业集中度基本保持稳定，经过多年发展，已形成长三角、东北、长江中游、京津冀、珠三角、成渝等成熟的汽车产业集群，对推动产业专业化分工、有效配置生产要素、促进区域经济发展发挥了重要作用。机动车出厂合格证数据显示，2022年，中国汽车产量为2686.4万辆，其中排名前10的地区汽车产量达到2062万辆，占总产量76.8%。

典型产业集群建设取得丰硕成果。长三角汽车产业集群包括上海市、江苏省、浙江省、安徽省，聚集了61家整车企业和6085家规模以上汽车零部件企业。近年来，长三角汽车产业集群持续发挥产业聚集效应，吸引了上海特斯拉超级工厂、大众MEB工厂等整车项目的落地，进一步巩固了长三角汽车产业集群的领先地位。东北汽车产业集群包括吉林省、辽宁省、黑龙江省，聚集了20家整车企业和814家规模以上汽车零部件企业，是中国最早形成的汽车产业集群之一，对中国汽车产业集群的发展壮大做出重要贡献。长江中游汽车产业集群包括湖北省、湖南省、江西省，聚集了53家整车企业和2346家规模以上汽车零部件企业。近年来，长江中游汽车产业集群电动化、智能化转型加速，培育并引进赣锋锂业、百度、华为等龙头企业。京津冀汽车产业集群包括北京市、天津市、河北省，聚集了52家整车企业和1042家规模以上汽车零部件企业，形成北汽新能源、长城汽车、北京奔驰、一汽丰田等自主和合资企业竞相发展的良好产业生态。珠三角汽车产业集群包括广东省、广西壮族自治区，聚集了8家整车企业和1458家规模以上汽车零部件企业，培育形成比亚迪、上汽通用五菱、小鹏、广汽埃安等在新能源领域具有较强引领性的企业。成渝汽车产业集群包括四川省、重庆市，聚集了45家整车企业和1466家规模以上汽车零部件企业，随着招商引资力度的提升，一汽大众、一汽丰田、沃尔沃等合资整车企业和项目相继落地，区域发展潜力巨大。

第三节　产业链供应链体系持续完善

一、关键核心零部件加快实现国产化

中国汽车零部件产业规模、竞争力和配套能力明显提升。进入中国特色社会主义新时代，中国汽车零部件产业突飞猛进，产业转型升级加速，逐步成长并培育出全球一流的汽车零部件产业链供应链体系，产业规模、竞争力和配套能力明显提升，勇立世界供应体系的潮头。2022年，中国汽车零部件制造业营业收入为3.88万亿元，较1980年的28.50亿元扩大了1361倍，成为全球零部件规模最大的经济体之一。从营业收入规模看，中国汽车零整比接近1.4∶1，与汽车工业发达国家1.7∶1的发展水平进一步缩小。

对外开放向纵深发展，中国零部件产业成为全球供应体系的重要力量。进入中国特色社会主义新时代，中国零部件产业加速融入全球市场，进出口规模实现较大提升。2022年，中国汽车零部件出口总额约为5411亿元，同比增长7.4%，零部件进口总额约为2079亿元，同比下降14.7%，贸易顺差3332亿元。自2015年以来，中国汽车零部件（含汽车关键件、零附件、玻璃、轮胎，下同）出口总额持续增长，尤其是2021年以来，屡创新高（见图5-2），相比2012年增长近2倍。随着"一带一路"、中欧自由贸易协定、区域全面经济伙伴关系的深入，中国对外开放的深度进一步扩大，进出口关税进一步降低，汽车零部件产业国际化发展进程全面推进。

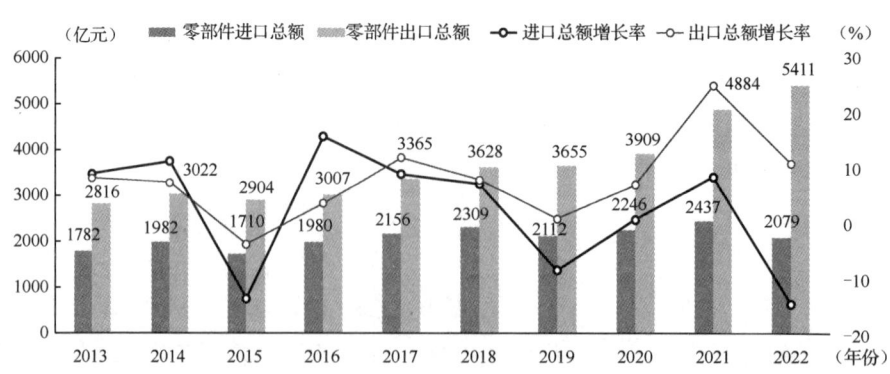

图 5-2　汽车零部件进出口总额

数据来源：国家统计局，工业和信息化部装备工业发展中心整理，2023年3月。

中国零部件产业覆盖面不断扩大，各产业链门类实现同步发展。在全国

上下同心助力下，中国汽车零部件供应体系由建国初期仅围绕解放牌汽车布局部分配件，发展成为覆盖全产业链体系的生态格局。从产品类型看，中国零部件产业已涵盖动力系统、车身系统、汽车电子、底盘、动力电池等全品类产业链，产品体系和门类齐全，且已经具备设计匹配、性能开发和测试试验等完整的正向研发能力，实现由单一产品开发转变为模块化平台开发。

新能源汽车、智能网联汽车零部件竞争力明显提升。在电动化、智能化、网联化的助力下，中国零部件产业加快转型升级，从事与新能源、智能网联相关的企业数量快速增长。截至2020年底，新能源汽车相关规上零部件企业数量达到700家，主营业务收入约3507.3亿元；智能网联相关规上零部件企业1300余家，主营业务收入约3446.6亿元。从产值占比看，新能源汽车、智能网联汽车主营业务收入约占零部件总体主营业务收入的19.2%，在产业加速转型过程中，产业结构持续优化，竞争力明显提升。

二、产业链供应链区域布局日益优化

中国零部件规上企业数量显著提高。以2020年为例，中国汽车产业产值突破千亿元的省市有19个，突破3000亿元的省市有10个，排名前10的省市汽车产业产值占比达到75.3%，集群效应进一步明显。从规上零部件企业数量看，中国超过1000户规上企业的省市有6个，分别是江苏（2217户）、浙江（2403户）、山东（1300户）、湖北（1473户）、广东（1090户）和重庆（1015户），规上企业数量占全国的比例为58.8%，且主要分布在沿海一带。

零部件引领型地区，以完善的零部件产业带动整车产业高速发展。零部件引领型地区以浙江省和江苏省为典型案例，截至2020年，浙江省、江苏省规上零部件企业数量分别达到2403户和2217户，是国内仅有的超过2000户规上零部件企业的省份，远远领先于其他省市。以浙江省为例，新能源汽车规上零部件企业数量为131户，占比约5.45%，略高于国内平均水平；智能网联汽车规上零部件企业数量为110户，占比约4.58%，低于国内平均水平，但总体企业数量依然庞大，同时形成宁波杭州湾新区、杭州钱塘新区、长兴新能源汽车园等重要产业集群，有力支撑吉利等本土整车企业发展，同时以零部件集群集聚为优势吸引了一汽大众、长安福特、广汽传祺等其他整车企业布局。

整车产业引领型地区，以整车配套需求完善零部件产业布局。整车产业引领型地区以上海市、吉林省、湖北省等传统汽车城为代表。上海市汽车工业以汽车改装起步，历经百余年发展，已形成以上汽集团为主，涵盖特斯拉、蔚来、威马、集度等造车新势力蓬勃发展的整车企业格局，在整车企业带动下，上海市规上零部件企业数量达到 580 户，拥有华域等国内龙头零部件企业和博世、德尔福、采埃孚等跨国零部件企业。吉林省作为新中国汽车工业的摇篮，汽车产业体系相对完善，以一汽集团为引领，孵化出富维、富奥、富晟三大国内龙头零部件企业，通过合资合作和企业引进，带动 415 户零部件企业加快转型升级。湖北省以东风集团为引领，以产业孵化、合资合作和企业引进的方式，形成 1437 户规上零部件企业，零部件企业数量已上升至国内第三，仅次于浙江省和江苏省。

三、开放合作取得系列成绩

中国不断深化汽车产业对外开放力度，开放合作举措取得系列成绩。外商投资股比限制进一步放开，2018 年 6 月，国家发展和改革委员会、商务部联合发布了《外商投资准入特别管理措施（负面清单）》，取消专用车、新能源汽车外资股比限制，汽车整车制造的中方股比不低于 50%。特斯拉在上海建立中国首家外商独资工厂，大众增资并最终持有江淮大众 75% 的股权。2022 年，中国进一步取消乘用车股比限制，同时取消同一家外资车企在国内合资企业不超过两家的限制，汽车产业对外开放力度进一步加强。

中国零部件企业通过投资并购加快国内外市场布局，国际市场开拓取得长足进步。为进一步提高技术水平，提升企业竞争力，优化市场布局，中国零部件企业以投资、合作等形式有效降低研发成本，提升市场竞争力，如腾讯与伟世通深化智能座舱领域的合作，百度 Apollo 与国内外多家企业和高校合作攻关智能驾驶解决方案，致力于建设自动驾驶产业生态，共同维护与客户的关系，形成较强的市场竞争力。此外，随着国内零部件企业的发展壮大，国内企业也进一步重视国际市场的布局，零部件企业通过对海外企业的投资并购等形式，加速技术购买和国际汽车市场战略布局。如德赛西威收购德国 ATBB 公司，潍柴动力收购德国 ARADEX 股份有限公司，均胜汽车电子收购德国普瑞公司，万丰奥特控股集团收购加拿大 MLTH Holding 公司等，中国汽车零部件企业探索国际市场取得成效。

中国市场对外资零部件企业的吸引力显著增强。中国汽车市场作为全球最大的市场，受到跨国零部件企业高度重视，全球各大零部件企业、科技型企业、互联网企业纷纷加大对中国汽车零部件市场的投资和布局，通过建设生产基地、与中国企业技术合作、合资建厂、设立在华研发中心等方式推动了中国零部件产业的布局。在传统零部件领域，博世、海拉、英伟达、大陆、佛吉亚等行业巨头在中国投资建设独立生产企业，提升其产品在中国本地化生产供应能力；部分企业进一步采取与中国本土企业合资合作的方式提升对中国市场的反应能力，如采埃孚与上汽红岩合作、佛吉亚与北汽合作，通过合资合作的方式在技术研发、供求关系、品牌战略、营销等方面促进企业在中国的发展。在新能源汽车领域，德纳、LG 化学等跨国企业已在中国建立电池及原材料独立生产线，深度参与中国这一全球最大的新能源汽车市场的竞争。

第四节 企业竞争能力显著增强

一、产业生态逐渐重构

基于国情引导产业发展方向，中国汽车企业实现从借鉴吸收到自主发展。进入中国特色社会主义新时代，中国汽车和零部件企业规模已达到国际领先水平，在科技革命和产业变革的带动下，持续推进产业生态由零部件研发生产、整车研发生产、营销服务企业间的"链式关系"，逐步演变为汽车与能源、交通、信息通信等领域多主体参与的"网状生态"，产业融合进一步深化。这一时期，新能源汽车产业已达到国际领先水平，特别是动力电池、电驱动系统企业竞争力明显增强，涌现出宁德时代、比亚迪等国际龙头企业，智能网联汽车产业也实现融合跃迁式成长，"单车智能+网联协同"的政策导向也促使多领域企业融合发展。

汽车制造业规模提升，企业竞争实力增强，汽车产业在制造业影响力显著提升。2022 年，中国汽车制造业实现营业收入 92899.9 万元，同比增长 6.8%，超过 41 个工业大类行业整体增速 0.9 个百分点。在企业竞争力方面，根据中国企业联合会、中国企业家协会发布的"2022 中国制造业企业 500 强"榜单数据显示，排名前 10 的企业中汽车企业占据三席（见表 5-7），其中上汽和一汽分别排名榜单第四名和第七名，汽车工业企业竞争力强劲。

表 5-7　2022 中国制造业企业 500 强榜单排名前 10 的企业

排　　名	公 司 名 称	营业收入（万元）
1	中国石油化工集团有限公司	258860343

续表

排　名	公　司　名　称	营业收入（万元）
2	中国宝武钢铁集团有限公司	97225779
3	中国五矿集团有限公司	85015599
4	上海汽车集团股份有限公司	77984579
5	恒力集团有限公司	73234451
6	正威国际集团有限公司	72275382
7	中国第一汽车集团有限公司	70569611
8	华为投资控股有限公司	63069840
9	东风汽车集团有限公司	55551521
10	中国兵器工业集团有限公司	52754166

数据来源：中国企业联合会、中国企业家协会，2023年1月。

汽车产业链由垂直线型演变成交叉网状的出行生态圈。面向汽车产业变革新趋势，由材料与装备、汽车零部件、汽车研发、汽车制造、汽车销售、汽车售后组成的相对线性的传统封闭产业形态，总体向水平分工型、网状化和平台化的新型组织形态演进，推动汽车产业链发生结构性变化。以传统整车企业为中心的产业组织流程正在改变，并逐渐呈现出以满足个性化消费和出行服务为中心的新产业格局。

智能化技术催生汽车产业实现跨界融合。汽车产业边界不断扩展且渐趋模糊，汽车领域的竞争格局正在发生重大改变，呈现"多方参与、竞争合作"的多元化态势。除传统整车企业、供应商和经销商以外，人工智能企业、芯片企业、互联网企业、信息通信技术企业、全新软硬件科技公司、新的运营商和信息内容服务商，以及数字化新型基础设施公司等不断融入汽车产业。

智能网联汽车、智能交通、智慧能源与智慧城市建设加快深度融合，推动能源网、交通网、信息网实现"三网融合"，并共同构成了智慧城市的基本框架。其中，智能网联汽车作为该框架的重要组成元素，与智慧城市的融合进一步加深，不仅提升居民出行效率、城市运行效率，乃至经济发展效率，还将推动汽车产业与数字经济、共享经济、智能经济的协同发展。

数字化助力汽车产业加快实现转型升级，数字技术成为重要推动力量。在汽车智能化驱动下，各类信息科技公司、平台公司等新势力纷纷进入汽车产业，科技公司成为汽车产业数字化和智能化的重要推动力量。腾讯、阿里巴巴、百度、华为、中兴等互联网企业通过突破核心技术，推动汽车产业技术变革升级，为汽车创造新的功能与价值。腾讯从车联网切入自动驾驶的研发，在车联网领域搭建车联开放平台，成立了自动驾驶实验室。阿里巴巴通过高德、千寻、斑马网络等进入汽车行业。

二、自主整车企业发展日益壮大

国产汽车产品逐步扩大市场份额。2022年，中国品牌乘用车累计销售1176.6万辆，同比增长22.8%，占全年国内乘用车总销量的49.9%。中国品牌已经形成新技术应用多、技术配置高等品牌特征，不断满足消费者升级的需求。其中，自主品牌新能源乘用车国内市场销售占比达到了79.9%，同比提升5.4个百分点，自主品牌新能源乘用车销量的增长带动了整体自主品牌份额的大幅提升。在国内商用车市场，自主品牌连续多年占据90%以上的市场份额，2022年，商用车产销量分别为25.8万辆和29.1万辆，商用车行业正处于从高速增长向高质量发展转变的重要阶段。同时，在双碳目标下，新能源浪潮不仅席卷乘用车市场，也成为商用车发展的必然趋势。

自主品牌得到市场广泛认可。近年来，随着研发、技术实力的不断提升，自主品牌在车型规划设计、市场定位、市场推广等软实力方面取得明显进步。部分车企的年轻化、潮流化策略取得了较好的效果。根据J. D. Power在2021年8月发布的新能源汽车产品魅力指数研究（NEV-APEAL）显示，90后对自主品牌的认可度已达到61%，位于历史最高水平。随着新能源汽车渗透率的快速提升，90后逐步成为购车的主力人群，自主品牌的比较优势或将进一步显现。

中国汽车产业出口量提速，加速迈入国际化竞争（见图5-3）。中国汽车企业加速开拓海外市场，在技术、品牌、服务等方面持续深耕。企业陆续将研发中心、生产工厂、销售渠道等向海外市场迁移，通过直接投资模式助力中国品牌成功出海。2022年，中国汽车出口总量达311万辆，同比增长54.4%，超过德国，成为仅次于日本的世界第二大乘用车出口国，排名前10的企业出口量达279.9万辆，占出口总量的90%。其中，上汽集团、奇瑞汽车、特斯拉（上海）、长安汽车、东风汽车、吉利汽车、长城汽车、江淮汽车、北京汽车9家企业的出口量超过10万辆。从细分市场来看，2022年，中国乘用车出口总量为252.9万辆，同比增长56.7%，商用车出口58.2万辆，同比增长44.9%。

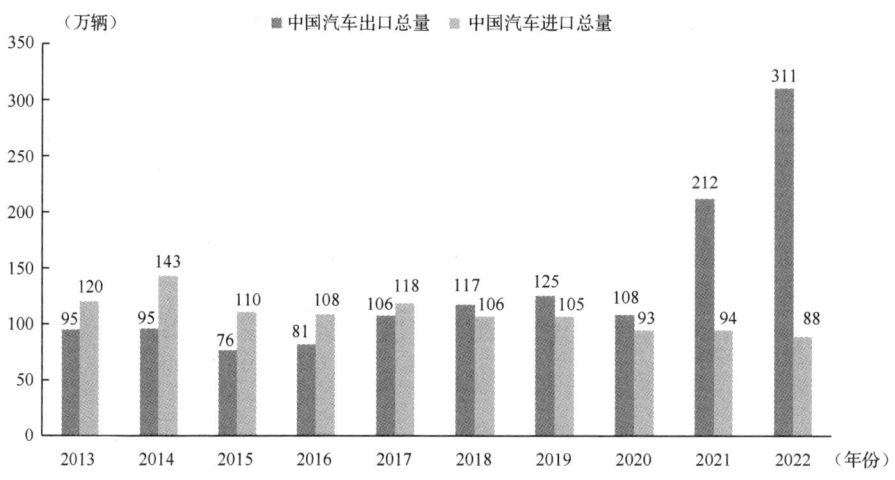

图 5-3　近十年中国汽车进出口总量

数据来源：中国汽车工业协会，2023 年 1 月。

三、零部件企业走向国际舞台

零部件供应链安全能力显著增强，助力汽车产业链长期安全发展。党的十九届六中全会通过的《中共中央关于党的百年奋斗重大成就和历史经验的决议》，把保障产业链供应链安全作为党在经济建设上的重要内容和重大经验。必须持之以恒抓好抓实，着力打造自主可控、安全可靠的产业链供应链，保障我国产业安全和国家安全。中美贸易摩擦，新冠疫情，芯片短缺、原材料上涨致使动力电池等关键零部件价格上涨，导致各车企纷纷宣布减产计划，汽车产业供应链的稳定性成为各方关注的焦点。在以习近平同志为核心的党中央坚强领导下，中国零部件企业迎难而上，在芯片、操作系统等领域持续加快国产化布局，宁德时代、比亚迪等成为全球动力电池供应商的龙头企业，在全球供应链体系中发挥越来越重要的作用。

中国零部件企业加速融入全球市场，企业整体竞争力显著提升。在汽车工业变革中，中国零部件产业持续强化技术创新和国际化发展，通过绑定整车企业和全球化扩张，推动企业在技术突破、品牌影响力、综合盈利水平等方面勇毅前行。从企业营业收入水平来看，截至 2022 年，潍柴集团、华域汽车、北京海纳川、宁波均胜电子、宁德时代等 14 家企业进入全球排名前 100 名，且多数企业排名较之前实现不同程度提高，企业整体竞争力显著提升（见表 5-8）。

表5-8 2022年中国企业进入全球百强零部件企业名录及排名

企　业	全球排名	企　业	全球排名
潍柴集团	4	广汽部件	54
华域汽车	11	中航汽车	65
北京海纳川	30	中策橡胶	67
宁波均胜电子	40	法士特集团	68
宁德时代	21	中信戴卡	63
玉柴集团	51	东风零部件	88
福耀集团	94	万丰奥特	100

数据来源：中国企业联合会、中国企业家协会，2023年3月。

新能源汽车动力电池企业深度参与全球化竞争，国际影响力明显提升。新能源汽车是全球汽车产业变革的关键，零部件企业也加速抢占发展机遇，在核心环节实现追赶、超越。特别是在动力电池方面，国内动力电池供应商装机量已全球领先，从电池装机量占比来看，2022年，宁德时代电池装机量全球占比达到37%，逐步抢占国外LG新能源、松下等传统龙头企业市场份额，头部效应进一步显现，竞争优势更加明显，其自主开发的三元电池CTP技术，在提升电池能量密度和降低成本方面具有较大竞争力，在全球具有技术引领优势。比亚迪注重新能源全产业链布局，产品涉及电池、电机、电控等全产业链，自主开发的IGBT打破国外垄断，实现与英特尔等跨国巨头企业同台竞争，刀片电池技术促使磷酸铁锂电池具有更高体积能量密度和安全性，带动电池市场格局转变。

第五节　民族品牌向上力量逐步积蓄

一、自主品牌价值明显提升

中国自主品牌向上之路持续探索，奋勇前行。中国汽车自主品牌面貌焕然一新，品牌高端化突围持续推进。随着电动化、网联化、智能化的兴起，一汽、上汽等传统汽车企业相继推出中高端车型，如奔腾B90、荣威950、绅宝C70G，但受限于技术水平的薄弱，品牌价值未得到较大提升。近几年，以电动化和智能网联技术为着力点，在模块化和平台化架构的加持下，国内汽车产品升级明显，自主品牌逐渐告别低质低价的固有形象，迎来高端化发展的新时期。

传统车企品牌高端化建设取得显著成效。例如，长城汽车推出魏牌、坦克、沙龙、光束品牌，以持续的技术突破、品牌运营，打造越野、智能、混动等多品类高端产品矩阵；吉利在燃油汽车和新能源汽车领域推出领克和极氪品牌，助推突破品牌高端化市场；比亚迪的汉和唐系列产品已经逐步迈入20万~30万元主流汽车市场，在既有基础上，比亚迪推出汉DM-p、汉EV两款超过30万元的产品，进一步拉开高端化序幕；长安汽车联合华为、宁德时代推出CHN平台阿维塔纯电高端品牌，主打"情感和智能"，力争在细分市场实现突破；上汽采取飞凡和智己双品牌战略，主打换电和"极致驾控"，助推品牌向上发展；一汽红旗发布全新品牌战略，以"中国式新高尚精致主义"为品牌理念打造既有品牌，以"尚·致·意"为设计语言，打造"中国第一、世界著名"的新高尚品牌，推出红旗H9、HS9等自主高端旗舰产品，树立了自主汽车品牌豪华新标杆；东风基于多年新能源汽车技术的积淀，推出了岚图品牌，对标国际高端豪华汽车，参与全球市场竞争；北汽联合华为推出高端新能源汽车品牌——极狐，搭载华为全栈智能网联汽车解决方案，进军高端市场。随着主流品牌高端化的突破，进一步提升了中国汽车产品的全球竞争力。

二、新势力差异化竞争打造品牌

国内新能源汽车市场呈爆发式增长，造车新势力竞争日益激烈。除蔚来、小鹏、理想"三巨头"外，二线造车新势力——哪吒、领跑，以及代表科技巨头造车的集度、小米汽车纷纷入局，展开角逐。其中，从2021年销量来看，小鹏、理想、蔚来稳居造车新势力排名前三位，以差异化竞争提升品牌价值，年销量均直逼十万辆，成为造车新势力的标杆。蔚来汽车以高端化定位和极致用户服务，品牌竞争力明显提升。2021年4月，蔚来第二代换电站投入运营，成为全球首个量产实现车辆自动泊入的换电站。蔚来官方统计数据显示，截至2023年6月底，蔚来全国换电站布局数量突破1500座，累计建成1.62万根充电桩，2023年新增1000座换电站，通过全场景高质量、高端化服务，品牌得到消费者认可，品牌价值也进一步提升。小鹏汽车主打科技和智能，通过自动驾驶全栈自研抢占高端市场。2021年，小鹏推出XPILOT 3.0系统，成为国内第一家实现自动驾驶全栈自研且搭载到量产车的车企，于 2021 年发布的 P5 是全球首款搭载激光雷达的量产车型。此外，小鹏加速车型更新换代，加快发布小鹏 G9，搭载 XPilot 4.0 及领先的 X-EEA 3.0 电子电气架构，继续巩固其在智能网联领域的产品优势和市场竞争力。通过自动驾驶技术的自研和搭载，小鹏汽车品牌竞争力显著提升。理想主打增程式技术路线，铸造以实用为首的高端品牌价值。通过对家庭用车需求场景的持续挖掘，理想汽车抓住 SUV 细分市场的巨大增长机会，多次领跑造车新势力单月销量榜，成为造车新势力打造民族品牌向上发展的重要力量。

第六节　人才培养取得显著成就

一、汽车专业教育取得蓬勃发展

以高等教育为主的汽车专业教育体系成效显著。人才是汽车产业发展的根本，中国车辆工程学科自 20 世纪 30 年代建立至今，培养出了一大批为中国汽车工业发展做出重要贡献的建设者、奠基人和杰出人才，有力支撑了中国汽车工业的发展。1932 年，清华大学机械工程学系设飞机与汽车组；1952 年，清华大学汽车专业本科开始招生，北京理工大学设立了中国首个坦克装甲履带车辆设计与制造专业；1955 年，原国家第一机械工业部和国家高等教育部呈报政务院文教委员会，申请获批建立了以汽车、拖拉机为主的单科性工业院校——长春汽车拖拉机学院（后更名为吉林工业大学）。高校纷纷开设汽车方向专业，一大批汽车类学校成立，截至 2016 年，全国开设车辆工程专业的高等院校达到 348 所，有力支撑了中国汽车工业的发展。中国特色社会主义现代化建设进入新时代，汽车行业开始进入技术变革升级的新阶段，以清华大学、北京理工大学、吉林大学、同济大学等为代表的高等院校积极响应新时代科技强国、人才强国的号召，培养了一大批优秀的交叉复合型汽车人才，助力中国成功进入创新型国家行列，走出了一条从人才强、科技强，到产业强、经济强、国家强的发展道路。

职工教育、企业培养等多种人才培养体系加速提升人才质量。面对电动化、网联化、智能化即"三化"对人才培养提出的新要求，中国汽车产业相关企业积极求变，着手培养内生型人才，主动实施内部人才转型。以东风技术中心为例，2020 年新聘用的 70 余名大学生，结合个人意愿及组织需要，90%分配到"三化"领域；激发内部人才市场活力，2020 年从车身、底盘、制造等领域向"三化"领域流动 50 余人；构建内部人才转型培训体系，开发

"三化"领域基础课程,加大培训培养力度,共培训 7800 人次、1.56 万学时,培训场面异常火爆。东风技术中心通过各种举措,主动调整人才结构,促进人才转型。此外,吉利控股集团投资建立了北京吉利大学、海南三亚学院等多所院校,坚持以就业为导向,以育才为目标,首创产教协同人才培养模式,形成了独具特色的人才培养方式。

二、学科进入转型升级发展新阶段

车辆工程专业知识体系正在重构,有助于进一步提升国家战略实施的地位和价值。中国车辆工程专业先后历经学科初创时期、学科建立时期、学科扩大发展时期、学科跨越式发展时期,以及学科变革升级时期等阶段,汽车产业不再是原来机械工业体系下的弱小的汽车工业或列车工业,已经实现蓬勃发展,成为国民经济的支柱产业。特别是在新一轮科技革命的驱动下,汽车产品正在向充分融合机械、电子、信息通信、计算机科学、能源动力、交通运输、材料等综合性智慧移动空间和运载出行系统演变,成为高科技集成创新与应用的大平台,必将在未来人类社会发展中发挥更加重要的作用。在产业全面重构的新形势下,汽车产业对基础知识"厚"、技能范畴"宽"、协作能力"强"的复合型创新人才要求更高。2019 年,为应对汽车电动化、网联化、智能化带来的技术变革,清华大学正式成立车辆与运载学院,撤销汽车工程系建制。截至 2019 年 3 月,中国共培养车辆工程学科本科生 4882 名,硕士生 1261 名,博士生 327 名,留学生 190 名,已出站及在站博士后 349 名,不断满足国家发展汽车科技与做强汽车产业的重大战略需求,为科技强国、人才强国战略发展提供有力支撑。

中国特色的学科专业体系更加完善,创新型国家和科技强国建设取得巨大成就。当前,汽车产业对"三化"领域复合型人才的需求越来越大,车辆产业已成为全球公认的孕育颠覆性新兴学科的最佳产业之一,汽车智能化与网联化技术是未来 20 年汽车工业竞争的焦点。立足新时期车辆工程多学科交叉融合的新定位,中国不断加快构建与时代匹配适应的新知识体系。2017 年 4 月,工业和信息化部、国家发展和改革委员会、科学技术部联合印发的《汽车产业中长期发展规划》明确加强对汽车人才队伍建设的统筹规划和分类指导,开展汽车人才培养及管理模式等专项研究,健全人才评价体系,完善人才激励机制,优化人才流动机制,改善人才生态环境,构建具有国际竞争力的人才制度,着力培养科技领军人才、企业家、复合型人才,实施积极开放、有效的人才引进政策，促进国际化人才培养，一系列人才培养政策的落地进一步推动中国向汽车强国、人才强国、科技强国迈进。

三、一代代中国汽车人精神薪火相传

中国汽车人秉承艰苦奋斗、自立自强、科技创新的精神，触摸着时代的脉搏。早期，中国汽车工业基础薄弱，以中国汽车工业的奠基人和开拓者饶斌、中国汽车工业的开拓者李刚、中国汽车工业的第一名员工陈祖涛为代表的第一代汽车人，为中国汽车工业的发展呕心沥血，并以他们的人格魅力和拼搏精神，影响着几代汽车人。科技是国家强盛之基，创新是民族进步之魂，中国汽车人用科技创新打造的国之重器，推动中国汽车产业一跃成为国民经济的重要支柱产业。从汽车大国迈向汽车强国是中国汽车人的新使命，他们不仅站在科技创新的高峰，更是站在科学精神的高峰。他们当中有中国汽车动力学开拓者郭孔辉院士、亚洲电动车之父陈清泉院士、笃行报国之志的车辆工程专家钟志华院士、研发先进中国汽车动力的李骏院士、节能与新能源汽车动力系统领军人才欧阳明高院士、为电动汽车打造"中国心脏"的科学家孙逢春院士、动力电池领域的拓荒者吴锋院士、车辆传动技术领域的领军人项昌乐院士、智能网联汽车中国方案的提出者与推动者李克强院士……随着汽车行业的深化变革，中国在新能源汽车技术和智能网联汽车技术中的很多科研和技术成果，得到了社会的广泛认可。中国汽车的进步不仅是设计、研发的进步，更是人才的进步。

第七节　坚定不移推进全面开放新格局

中国汽车产业总体实现转型升级，国际竞争力显著增强。快速增长的市场需求一方面有助于提升中国汽车企业产品质量，以及中国在国际汽车市场的地位；另一方面加速了国内汽车产业的结构优化，为中国从汽车大国转变为汽车强国提供了有利条件。2005年，中国汽车贸易首次实现贸易顺差，汽车产品成为中国对外贸易和经济增长的重要力量。2012年，中国整车和零部件出口全面加速，出口金额达到720亿美元。与此同时，随着出口产品的增加，国内企业也加速进行海外投资布局。

中国对汽车外资引进放宽管理成效明显，汽车产业投资呈现多样化态势。中国汽车产业对外开放、引进外资的正确战略被实践所认可。通过汽车

产业的对外开放,一是拉动了中国本土制造业的发展,直接和间接提供了大量就业机会;中国消费者也成为了全球化进程中的受益者,如可以用低廉的价格购买世界各地的产品。二是提高了中国汽车工业的供给能力,缓解了资金短缺的矛盾,通过加大外商对中国汽车工业的投入,改善了中国汽车的产品结构,促进了中国汽车工业技术进步,提高了中国汽车工业产品性能和工艺水平,有力地促进了汽车工业的发展。三是通过引进国际先进管理技术,快速提高中国企业的管理技术水平,同时,培养了大批工程技术人员和技术工人,以及现代汽车经营管理者,为中国汽车品牌发展提供了重要的人力资源。当前,中国汽车产业逐渐实现全方位开放,通过对外开放影响中国汽车市场的需求,提升汽车企业的技术水平,增强生产与竞争实力,改善企业组织结构,从而进一步增强中国汽车产业的国际竞争力。

中国对汽车技术的引进,实现由政府主导的重点技术引进变成与国际直接投资相伴的技术合作。21世纪,与全球汽车工业的融合促进了中国汽车工业的快速发展。外国资本随着中国政府放宽限制而加速进入中国汽车市场,导致中国汽车市场的竞争加剧、压力增大、产品质量和技术迅速提升。从20世纪90年代末到现在,无论乘用车、商用车,还是整车或者零部件,跨国汽车企业已经融入中国汽车行业的各个领域。这一时期的技术引进和改革开放初期政府引导的重点技术引进并不相同,主要体现在企业依据市场和产品的需求自主引进。因此,技术引进的领域不再局限在重点发展的核心技术方面,而是扩展到了方方面面,包括整车生产制造、零部件和装备的生产制造、汽车企业管理经验等。

中国汽车市场需求结构升级,汽车进口贸易不断扩大,"引进来"提高了国内汽车产业的竞争动力。汽车进口在一定程度上直接带动了中国汽车市场的需求结构升级。长期以来,进口汽车凭借其国际前沿的技术配置、独特的产品设计、较高的产品质量,在获得国内市场认可、满足消费者需求的同时,也直接改善了国内汽车消费的需求结构,占据了中国高端汽车市场。国内消费者对产品质量和技术创新的要求提升,促使国内汽车厂商在激烈的竞争环境下,更加专注于产品研发和转型升级,持续对标国际前沿技术与品质。除此之外,进口汽车在性能和设计等方面也对国内车企的产品开发产生示范作用,在此基础上的学习和借鉴加速了中国汽车产业的发展。

"一带一路"及碳达峰碳中和战略,为汽车企业"走出去"提供重大机遇。当前,中国正在加快构建以国内大循环为主体、国内国际双循环相互促进的新发展格局，进一步推动更高水平对外开放，推进"一带一路"和自贸区建设，将为汽车企业出口及国际化发展创造更加有利的市场环境。中国骨干汽车企业已进入海外直接投资的新阶段，主要包括上汽通用五菱印度尼西亚工厂、长城汽车俄罗斯图拉州工厂、上汽集团泰国工厂、奇瑞巴西圣保罗工厂，以及吉利白俄罗斯工厂等。此外，由于碳中和日益成为全球共识，中国新能源汽车出口实现大幅增长，且主要出口到发达国家。截至2022年底，全球已有138个国家对双碳目标做出承诺，欧盟委员会发布《欧洲绿色协议》，美国政府提出"清洁能源革命和环境计划"，日本政府推出绿色增长战略，中国也已向世界宣布碳达峰目标和碳中和愿景。发达国家汽车节能减排法规日趋严格，纷纷出台禁售燃油汽车计划，新能源汽车已成为全球汽车产业的风向标，并将逐渐成为未来汽车市场增长的主要领域。根据中国汽车工业协会统计数据，2022年，中国新能源汽车出口总量为67.9万辆，同比增长1.2倍。其中，欧洲成为新能源汽车出口的主要增量市场，中国新能源汽车出口至比利时、法国等发达国家，体现了一定的竞争优势。随着"一带一路"和碳达峰碳中和战略的推进，未来，中国汽车出口将继续迎来快速增长期。

第六章

中国汽车工业发展的宝贵经验

70年来，中国汽车工业的发展取得了举世瞩目的重大成就，积累了十分宝贵的实践经验，成功探索出了一条符合中国国情的汽车工业现代化道路，为中国由汽车大国迈向汽车强国提供了有力支撑，也为全球汽车工业发展贡献了"中国智慧"和"中国方案"。在党中央、国务院的正确领导下，相关部门准确把握汽车工业发展形势，及时研究制定一系列重要战略方针，出台实施重大产业政策，并凝聚各方力量积极推动行业发展壮大。

第一节 中国汽车工业发展的根本保证

中国共产党是领导我国汽车工业发展壮大的核心力量。新中国成立以来，党和政府紧密围绕国家工业化目标和当时的工业化战略，确定了各个历史阶段我国汽车工业发展的主要任务，建立了与产业发展相适应的战略目标和工作机制。我国汽车工业正是在党中央的坚强领导下，从最初的"一穷二白"到后来的"缺重少轻、轿车为零"，再到2009年首次成为世界汽车产销第一大国。党的十八大以来，逐渐形成全球规模最大、品类最全、配套完整的汽车工业体系。党带领全国人民用70年时间完成了汽车工业的发展壮大，创造了世界汽车发展史上的奇迹，为中华民族强国富民奠定了坚实基础。党在推进汽车工业现代化发展的过程中，不仅创造了巨大的物质财富，而且积累了宝贵经验，这些经验弥足珍贵，需要倍加珍惜、长期坚持。

一、把航定向，党的英明决策开辟新中国汽车工业新纪元

（一）党的坚强领导为汽车工业发展提供根本保障

只有中国共产党才能引领汽车工业走向繁荣富强。办好中国的事情，关键在党。历史和现实都证明，没有中国共产党，就没有新中国，就没有中华

民族伟大复兴。近代以来，中华大地山河破碎、满目疮痍，军阀、民族资本主义、国民政府轮番上阵，受买办阶级根本利益的局限性和动荡的社会环境影响，民族汽车工业始终无法真正发展起来。新中国成立后，中国共产党总揽全局、协调各方，团结和凝聚各方力量积极发展汽车工业，改变了基础薄弱、整体落后的困难局面，为建设汽车强国打下了坚实基础，推动中国汽车工业阔步前进，创造了世界汽车工业发展史上的奇迹，成功探索出了一条符合中国国情的汽车工业发展道路。我国汽车工业的发展壮大，既是党领导全国人民推进中国特色社会主义伟大事业的一个重要成果，也是在党的领导下解放和发展社会生产力的一个重要体现。实践证明，党的领导始终是我国汽车工业发展的根本保障，是汽车工业铸就辉煌的根本原因。只要坚持党的全面领导不动摇，充分发挥党的领导政治优势，把党的创新理论落实到汽车工业各领域、各环节、各方面，就一定能够确保中国汽车工业始终昂首阔步走在建设汽车强国的新征程上。

只有坚持党的统一领导，才能从根本上保证中国汽车工业的性质、方向和命运。马克思主义是中国共产党的根本指导思想，是党的灵魂，是指引党不断前行的光辉旗帜。中国共产党始终坚持科学理论指导，不断探索共产党执政规律、社会主义建设规律、人类社会发展规律，并把这些规律运用到实践当中，指导和校正自己的行动。70年来，党和国家一代代领导人始终把马克思主义基本原理同中国具体实际相结合，坚持实事求是，牢牢把握发展的"方向盘"，大胆开展一系列新探索新实践。计划经济时代，汽车制造业主要服务于重工业优先发展战略，党中央调动整个中国的人力、物力，领导全国人民在极短的时间内建成一汽。改革开放初期，为调整严重失调的农轻重比例，实行了一段时间的轻工业优先发展战略，当时的一机部提出"六个转变""五个面向"方针，汽车工业扩大服务领域，生产结构从主要为重工业和基本建设服务转变为同时为农业、轻工业、城市建设和人民生活等方面的需要服务。进入中国特色社会主义新时代，汽车工业始终坚持党的基本路线、方针、政策，坚持独立自主，坚持改革开放，坚持创新驱动，立足新发展阶段、贯彻新发展理念、构建新发展格局，以供给侧结构性改革为主线，统筹发展与安全。在历史发展的各个阶段，我国汽车工业从举全国之力白手起家建设一汽，到自力更生建设本土化汽车工业体系，到适应国民经济发展和国防现代化建设，适时开展法国贝利埃、奥地利斯太尔、日本五十铃技术引进和国产化，再到挣脱计划经济的体制桎梏，开创合资合作新模式，再到鼓励自主品牌发展，开创了我国汽车工业发展的新局面，谱写了自强不息、波澜壮阔的恢宏篇章。中国汽车人距离实现汽车强国的梦想从未如此之近。

（二）党的科学决策为汽车工业发展引航定向

只有中国共产党才能在汽车工业发展的关键时刻制定正确路线和战略决策，指引汽车工业稳步推进。坚强的领导，来源于正确的领导；正确的领导，来源于正确的决策。正是有了正确的路线方针，党的事业才有所指，全党才有所依，人民才有所趋，才形成了为实现目标共同奋斗的强大力量。发展汽车工业也需要有一条坚定不移的、贯彻始终的正确政治路线的引领。在中国，只有中国共产党能够从总体上把握历史发展的规律，从人民的根本利益出发，把马克思主义基本原理同当代中国的具体实际相结合，制定和执行正确的路线方针政策。新中国成立之初，建设社会主义的需要和政通人和的大局，使创建汽车工业成为必须和可能。1956年，毛泽东同志在中央政治局扩大会议上讲话谈到，哪一天我们开会的时候，能坐上我们自己生产的小汽车就好了，勇开独立自主研制中国轿车之先河。改革开放后，党确立以经济建设为中心的基本路线，进一步解放思想、解放和发展社会生产力，使汽车工业迎来了前所未有的发展前景。在汽车工业发展阶段，面对政企不分、政资不分、政事不分等发展瓶颈，邓小平同志提出"发展才是硬道理""摸着石头过河""少数人可以先富起来""政企分开""市场经济"等重要论断，通过改革引路开启了外国合资经营、允许民营生产和股份经营时代，中国汽车工业由此向世界敞开了大门，也推动了中国汽车工业换型改造、焕发新生。通过对外开放，"引进来"和"走出去"并举，实现资源全球配置，我国汽车企业与世界强企同台竞争，核心竞争力不断提高，使我国快速跻身世界汽车大国之列。江泽民同志提出，汽车产业应该搞规模经济，汽车工业是高技术、高投入、高产出的现代产业，必须坚持"联合、高起点、大批量、专业化、优质量"的发展方针，进一步确立了汽车制造业成为国民经济支柱产业的重要地位，为我国汽车工业的发展增加了新的优越条件。随着中国特色社会主义进入新时代，面对中华民族伟大复兴战略全局和世界百年未有之大变局，做强汽车工业面临着难得的机遇和复杂的挑战。党中央、国务院高瞻远瞩、统揽全局，站在关乎生存和发展的战略高度，坚定不移走中国特色自主创新道路，构建全球发展命运共同体。特别是党的十八大以来，在国内外经济形势严峻复杂、不确定性明显增强、风险挑战持续加大的背景下，我国汽车工业发展之所以能取得辉煌成就，是以习近平同志为核心的党中央坚强领导的结果，是习近平新时代中国特色社会主义思想科学指引的结果。2014年，习近平总书记在上汽集团考察时强调，发展新能源汽车是我国从汽车大国迈向汽车强国的必由之路。这一重要论述为我国汽车产业描绘了发展蓝图，也加快了我国新能源汽车实现全球引领的步伐。

中国共产党通过规划引领发展，制定阶段性发展目标，确保决策部署有效贯彻，使汽车工业发展战略一步步成为现实。在党中央、国务院的正确领导下，相关部门准确认识汽车工业发展面临的形势，及时研究制定一系列重要战略方针、发展规划、重大政策，并组织各方力量积极推动汽车工业发展壮大。制定和实施国民经济和社会发展五年规划，是中国共产党推动发展、实现发展的成功经验。以五年为一个发展阶段，时间长度合适，可以保持政策的稳定和延续，既谋好大事，又办成大事。从1953年实行国民经济第一个五年计划，到现在正在实施的第十四个五年规划，中国共产党人咬定"现代化"这个目标，一张蓝图绘到底，一任接着一任干、一年接着一年干、一件接着一件干，驰而不息、接续奋斗。在1986年的六届四次全国人大会议上，"七五"计划第一次"把汽车制造业作为重要的支柱产业"纳入国家发展战略，为轿车工业的发展提供了政策空间。在党中央的运筹帷幄之下，我国汽车工业进入改革转型时期，开始大规模发展轿车工业，创建了"三大三小"轿车工业基地。2000年10月，十五届四中全会审议通过《中共中央关于制定国民经济和社会发展第十个五年计划的建议》，提出要大力发展公共交通、鼓励轿车进入中国家庭。在中共中央的历次会议中，这是首次阐明要大力振兴汽车制造业，第一次提出要鼓励轿车进入家庭。从"八五"计划开始，国家设立了汽车重大科技专项，2001年对新能源汽车科技创新进行顶层设计，确立了"三纵三横"总体研发布局，围绕新能源汽车创新链布局产业链。这些目标和部署，既保持一定的连续性、稳定性，又根据实际情况及时调整，以更好地适应新形势，有力推动我国新能源汽车产业从无到有、逐步壮大，取得了举世瞩目的巨大成就，形成了一批国际一流的技术成果，诞生了一批具有国际竞争力的新能源汽车企业，建立起了全球最完善的新能源汽车产业链。

与时俱进制定产业政策、调整战略规划，使党的政治立场、根本宗旨和群众路线，真正转化为汽车工业发展的强大实践力量。中国共产党领导下的规划引领、政策系统是汽车工业快速发展的制胜法宝。1994年，国务院印发

中国汽车工业现代化发展

《汽车工业产业政策》，虽然这一政策还有很多局限，但是国家开始对汽车工业的发展方向进行了重新定位，其中最重要的就是把汽车和家庭联系起来。2004年，为不断完善社会主义市场经济体制，适应加入世贸组织后国内外汽车工业发展的新形势，推进汽车产业结构调整和升级，全面提高汽车工业国际竞争力，满足消费者对汽车产品日益增长的需求，党中央及时作出分析并进行相应的政策和制度调整，国务院再次印发《汽车产业发展政策》，提出使我国汽车工业在2010年前发展成为国民经济的支柱产业，为实现全面建成小康社会的目标做出更大的贡献。随着中国特色社会主义进入新时代，新能源汽车产业作为战略性新兴产业之一重点培养发展，提出电动化、网联化、智能化技术互融协同发展的工作重点。2012年，国务院发布《节能与新能源汽车产业发展规划（2012—2020年）》，2020年，国务院办公厅印发《新能源汽车产业发展规划（2021—2035年）》，这些战略规划为汽车产业发展起到了重要的引领作用。

中国共产党坚持实事求是思想路线，洞察时代大势，把握历史主动，进行艰辛探索，对关系国计民生的重大问题，既反对保守，也反对冒进，既大胆试、大胆闯，又实事求是、稳扎稳打，在综合平衡中稳中求进。通过对具有前瞻性的发展规划和可行性的具体举措相结合，既避免了"只讲长远目标"而"缺乏具体行动"的空谈，也避免了"只顾低头拉车"而"忘了抬头看路"的短视，对汽车工业长期稳定发展发挥了重要作用。发展新能源汽车，全球范围内既没有成功路径也没有成熟经验可借鉴。2009年，国家开展试点先行，实施节能与新能源汽车"十城千辆"工程，不断总结试点经验，以点串线、以线带面地推广到其他地方，实现探索、试错、纠错、前进的螺旋式发展。

中国共产党注重建立上下贯通、执行有力的组织体系推动汽车产业的发展。2013年，国务院批复建立由工业和信息化部牵头、20个部门参加的节能与新能源汽车产业发展部际联席会议制度，明确了产业发展工作推进机制。各地方相继成立产业发展协同机制，构建了横向协同、纵向贯通的工作推进体系。各有关部门、地方政府齐心协力、主动作为，凝聚起推动产业发展的磅礴力量，保证了党的决策部署能够及时、坚决、有力地贯彻执行，共同书写了我国新能源汽车发展里程中的光辉篇章。

二、奠基立业，党的领导为汽车工业发展提供不竭动力

（一）党的领导为汽车工业发展提供政治制度保障

只有党的强大领导力、执政力，才能保证汽车工业在建设、改革和现代化新征程上顺利推进。在中国这样一个大国，能够把亿万人民团结和凝聚起来，一次次跨过急流险滩，一次次战胜困难危机，关键在于党高度团结统一，具有强大的领导力、执政力。历史和实践反复证明，中国共产党是风雨来袭时中国人民最可靠的主心骨，是团结带领人民攻坚克难、开拓前进最可靠的领导力量。在汽车工业发展历程中，正是因为中国共产党具有抵御各种风险、驾驭各种复杂局面的能力，才能上下统一思想、步调一致向前进，根本原因就是形成了坚强有力的领导核心。

中国特色社会主义制度和国家治理体系能够集中力量办大事，保障汽车工业攻坚克难，实现突破发展。党的领导，是中国特色社会主义最本质的特征，是中国特色社会主义制度的最大优势。习近平总书记深刻指出，"当今世界正经历百年未有之大变局，制度竞争是综合国力竞争的重要方面，制度优势是一个国家赢得战略主动的重要优势。历史和现实都表明，制度稳则国家稳，制度强则国家强。"中国共产党充分利用举国体制和社会主义"集中力量办大事"的制度优势，建立起完整的汽车工业体系。例如，在新冠疫情防控中，中国共产党及时推动完善重大疫情防控体制机制，统筹疫情防控和经济社会发展，坚持目标导向、问题导向，做好宏观政策预调微调和跨周期调节，精准打通产业链供应链的堵点断点卡点，挖掘市场需求潜力，强化政策扶持，优化发展环境，保持良好增长预期，激发市场主体活力，推动汽车工业高质量发展。

（二）党的领导为汽车工业发展提供经济制度保障

党加强对经济工作的战略谋划和统一领导，完善党领导经济工作体制机制，为汽车工业的发展注入强大动力。经济工作是党的中心工作。习近平总书记强调，加强党对经济工作的领导，全面提高党领导经济工作水平，是坚持民主集中制的必然要求，也是我们政治制度的优势。加强党对经济工作的集中统一领导，有利于集思广益、凝聚共识、调动各方、形成合力。做到坚持全国一盘棋、集中力量办大事，从而更好地应对各种复杂局面和风险挑战。

改革开放 40 多年来，特别是党的十八大以来，我国经济社会发展之所以能够取得巨大成就，我国人民生活水平之所以能够大幅度提升，关键是因为我们始终坚持党的领导，善于把党领导经济工作的制度优势转化为治理效能。中国共产党领导的经济社会发展对汽车产业发展注入强劲需求，促进了汽车工业的持续发展。同时，汽车工业始终以服务于经济社会发展全局为出发点和落脚点，与国民经济的发展同呼吸、共命运，自身获得了长足发展。

党领导下的社会主义基本经济制度，同我国社会主义初级阶段社会生产力发展水平相适应，在解放和发展汽车工业生产力方面具有显著优势。以公有制为主体、多种所有制经济共同发展，在"量"上保持了公有资产的优势，在"质"上强化了公有制经济对国民经济重要领域的控制力。中国特色汽车工业是建立在社会主义市场经济基础上的汽车工业，是坚持公有制为主体、多种所有制共同发展的汽车工业。1994 年，我国发布的《汽车工业产业政策》，明确提出"国家鼓励汽车工业企业利用外资发展我国的汽车工业"，这使得外资品牌直接在华投资有法可依。1999—2002 年汽车工业发展进入持续再发展阶段，党的十五大提出要从战略上调整国有经济布局，确定了以公有制为主体，多种所有制经济共同发展的基本经济制度，大大推进了汽车工业的调整与改革、汽车行业兼并重组，以及资本多元化的改造。从 1999 年开始，汽车工业企业和市场获得了新的活力，持续健康发展。2018 年，国家主席习近平在博鳌论坛上宣布汽车、船舶、飞机等少数行业已经具备开放基础，逐步放开汽车外资股比限制，经过四年过渡期，中国汽车行业对外资实现全面开放。股比放开既表明中国汽车行业具备了良好的改革开放、依法公平竞争的市场环境，也更容易充分激发市场活力，倒逼国内车企深化改革、加快创新，促进中国汽车工业转型升级。

第二节　中国汽车工业发展的根本立场

人民是历史的创造者，是决定党和国家前途命运的根本力量。中国共产党始终把人民立场作为根本政治立场，把人民利益摆在至高无上的地位。保障和改善民生，千方百计让人民群众富裕起来，是中国共产党一个重要的执政理念。民富也使广大人民群众的物质需求在现实生活中更加充分地展现出来，为实现我国汽车工业持续健康发展提供不竭动力。

一、一切依靠人民，中国汽车工业不断取得胜利

（一）人民是汽车工业的建设者

坚持依靠人民群众，汽车工业发展就有了源源不竭的动力。只要始终坚持人民至上，紧紧依靠人民，赢得人民信任，得到人民支持，党就能够克服任何困难，就能够无往而不胜。历史和现实都雄辩地证明，中国共产党取得如今的成就，得益于依靠人民群众、团结人民群众、事事为了人民群众。"一五"时期，"每一秒钟都为创造社会主义社会而劳动"——这样充满时代精神的口号，展现了五年计划的宏伟目标转化为千百万职工的实际行动，鼓舞着中国工人阶级忘我地为实现社会主义工业化而奋斗。改革开放以后，中国人民勇于探索、真抓实干，凭着一股开拓创新的拼劲，一股自力更生的韧劲，把中国建成了世界第二大经济体，中国的面貌、中国人民的面貌发生了翻天覆地的变化。正是广大人民群众的努力奋斗，让中国汽车工业的发展有了源源不竭的动力，使我国人民的主力交通工具从自行车逐步变为了汽车。在加入世界贸易组织后，中国成为全球第一大汽车市场后持续增长，并信心百倍地迈向汽车强国。

坚持依靠人民群众，汽车工业发展就有了清晰明确的目标。保持经济增长速度、推动经济发展，根本还是要不断解决好人民群众普遍关心的突出问题。"人民对美好生活的向往，就是我们的奋斗目标。"习近平总书记强调，让人民生活幸福是"国之大者"，共产党人必须牢记，为民造福是最大政绩。我们推动经济社会发展，归根到底是为了不断满足人民群众对美好生活的需要，必须把为民造福作为最重要的政绩。在20世纪80年代，中国是名副其实的"自行车王国"，为满足人民消费需求的升级，在党的方针政策指引下，在产业政策的推动下，汽车工业与世界先进技术的快速对接，使中国仅用30年就变身为汽车产销大国，汽车成为家庭出行的重要载体。当前，中国人在购车原因、设计偏好、文化心态上的个性化需求也正主导甚至引领着全球汽车消费，创造了独具中国特色的"工程师+消费者"驱动需求决定供给的模式。

坚持依靠人民群众，汽车工业发展就有了持续不断的新鲜血液。新中国成立后，党和国家对人才重要性的认识不断深化，最终形成人才引领发展的国家战略共识。党中央于1956年1月召开关于知识分子问题的会议，周恩来

同志作了《关于知识分子问题的报告》，对知识分子的阶级属性和社会作用作出了实事求是的判断，并代表党中央提出了"向现代科学进军"的口号。改革开放以来，邓小平同志提出"尊重知识、尊重人才"，作出"科学技术是第一生产力"的重要判断。一汽建立之初，非常艰难，汽车人才十分稀少，技术力量十分薄弱。当时一汽集聚了全国的人才，集全国之力来建设汽车工业。创建时选派干部、工人到苏联学习，组织群众互教互学，组织职工参加夜大、中等技术学校、技工学校、专业班等。随着专业化、精细化发展，储备人才在高校、职校等方面取得了长足的发展。汽车产业是推动新一轮科技革命和产业变革的重要力量，人才是汽车工业发展的根基。要想从汽车大国迈向汽车强国，核心是技术，关键是人才，人才是建设汽车强国的"新能源"。

（二）人民是汽车消费的主力军

汽车消费进入私人消费新阶段，人民群众的消费主力军作用凸显。中国汽车发展史就是一部小轿车进入家庭的历史。1979 年，中国才首次宣布允许私人拥有汽车，但主要用于生产。1984 年，国务院从政策上第一次明确了私人购置汽车的合法性，随后中国诞生了第一家合资汽车企业。1994 年，《汽车工业产业政策》明确了以轿车为主的汽车发展方向，首次提出鼓励汽车消费，允许私人购车，确立了"引进、消化、吸收"，促进国产化，培养自主发展的思路，提出"高起点、大批量、专业化"建设轿车产业的战略方针。2001 年，在"十一五"规划纲要中确立了汽车进入家庭的合法性，私人轿车开始陆续进入千家万户。私人轿车的大规模出现是中国进入小康社会的一个重要标志，这种情况只有在人均国内生产总值达到一定程度才会出现。截至 2005 年底，全国民用汽车保有量为 3160 万辆，其中私人汽车保有量达到 1852 万辆，占总量的 58.6%。2006 年，国内销售了 700 多万辆汽车，其中 60% 为私人购买。

汽车消费走进千家万户，汽车产业的支柱产业作用凸显。汽车消费肩负着稳定消费、拉动经济的重要使命。汽车消费上至工业生产，下至销售服务，产业链长，辐射面广，带动力强，对保持经济平稳较快增长具有重要拉动效应。2003—2012 年，三次产业结构趋于协调，工业化步入中后期。汽车进入大众家庭是工业化后期社会进入"高额群众消费阶段"的重要特征，直接、间接消费拉动及对社会大众福利偏好的改变，是社会由"生产型"向"消费型"转变的推力。在国际金融危机冲击下，全球汽车产业遭遇重创，生产、消费急剧萎缩。与之形成明显反差的是，2008年，国家出台了一系列鼓励和刺激消费的政策措施，中国汽车业异军突起，产销均出现"井喷"效应，对经济的拉动作用巨大。自此，汽车开始成为大众消费品，走进中国亿万寻常百姓家，成为人们日常出行的代步工具。

人民群众对汽车消费的内在需求成为"国内大循环、国内国际双循环相互促进的新发展格局"的坚强保障。2020年4月10日，在中央财经委员会第七次会议上，习近平总书记强调要构建以国内大循环为主体、国内国际双循环相互促进的新发展格局。2022年，中国千人汽车保有量为226辆/千人，远远不及美国（813辆/千人）和日本（622辆/千人）。未来，随着城镇化水平不断提升，城乡居民收入不断提高，消费不断升级，中国千人汽车保有量具有较大增长空间。当前，中国脱贫攻坚战取得了全面胜利，决胜全面建成小康社会取得决定性成就，经济社会发展进入新阶段。未来汽车增量市场的突破口将在中西部地区，特别是广大乡村市场，增长潜力和空间巨大。因此，国内汽车市场需求潜力旺盛，人民群众对汽车的消费需求将成为新发展格局的重要推手。这也充分说明了，紧紧依靠人民推动国家发展，就能汇聚起亿万人民的磅礴力量，为推进国家治理体系和治理能力的现代化建设注入不竭动力。

（三）人民是汽车文化的缔造者

先进汽车工业文化的基因不是凭空创造的，它源于新中国老一辈缔造者的"工业精神"，更来自当今新一代创业者的智慧和激情。中国共产党尊重人民群众的主体地位和首创精神。在中国汽车产业发展的几十年中，形成了独特的汽车文化，人民是我国典型汽车文化的缔造者。汽车工业文化与时俱进，长盛不衰，经历了巨大的变革，成为推进工业化、现代化的主导文化。过去，我们对汽车工业文化和软实力的认识不足，忽视了对传统优秀文化的创新和改造，这些资源优势并未充分转化成为强大的工业生产力。如果没有思想的认同、文化的认同，没有凝聚的文化、创新的文化，没有企业家的精神、实干的精神、工匠的精神，制造强国战略就一定会落空。今天，中国汽车工业迎来新一轮的发展机遇，有足够的自信和自豪，挖掘优秀传统，弘扬和创新工业文化，以支撑中国汽车工业现代化发展。

汽车文化是汽车发明和发展中所创造的物质财富和精神财富的积累，是汽车产品延伸出来的带有人文色彩的各种各样的有关汽车活动、生活方式、生存态度的加总。作为汽车产业的衍生经济，汽车教育、汽车文化、汽车运动、汽车会展等正在成为汽车服务业的标志性产业，涉及的主要新业态有汽车工程教育内容提供商、培训机构、汽车文化公园、博物馆、会议、展览、运动赛事、汽车改装、汽车俱乐部等。提升软实力、品牌效应，有利于供给侧结构性改革，创造良好的营商环境。汽车文化的具体体现主要是汽车本身折射出的设计理念，其中所包含的设计元素实际上就是文化元素，当这些元素熔铸到汽车上，就表现出不同的文化。在引进车型占主导地位的中国汽车市场，自主品牌企业在设计文化方面开始发力。自主品牌设计，从最初简单模仿发展到现在民族化特色越来越突出、个性化越来越显现，这是自主品牌正在探索符合中国人民审美的新方式。

中国的工程师与消费者联合，打破了美国强调工程师主导市场的文化属性，在汽车从出行工具向移动出行空间变革的关键时点，创造性地引领未来汽车文化的发展方向。在我国，无论是历史还是文化，汽车与"地位"和"身份"都有着千丝万缕的关系，但随着汽车的普及，一种新的汽车消费文化却逐步显露出其迷人的面目。中国的庞大消费主体和市场容量，展现出改变全球汽车行业发展规律的时代伟力。基于对用户趋势的准确把握，以五菱为代表的中国民族汽车品牌着力打造用户共创文化，激发了年轻消费者的共创热情，让中国新能源汽车消费有了自己的文化符号。当代年轻人将汽车的社交属性充分激发，他们对汽车、时尚、文化的理解，构成了超越车企本身赋予的品牌文化符号，形成了新能源汽车领域的潮创文化圈。

二、一切为了人民，中国汽车工业坚持人民至上

（一）汽车工业坚持人民对美好生活的向往作为奋斗目标

发展汽车工业始终把人民利益放在首位。中国共产党始终把人民利益摆在至高无上的地位，坚持一切为了人民，把实现好、维护好、发展好最广大人民根本利益作为一切工作的出发点和落脚点，把带领人民创造美好生活，作为始终不渝的奋斗目标。中国共产党始终坚持深入人民群众，了解人民的要求和意愿，把人民的意志上升为党和国家的路线、方针、政策，再用这些路线、方针、政策指导群众的实践，实现了人民意志同党的政策的有机统一。汽车是社会发展进步的重要标志，关系国计民生，服务亿万群众。汽车工业政策的制定和贯彻落实，都与人民群众的意志和愿望密切相关。

发展汽车工业致力于让人民过上好日子。汽车工业的发展过程是不断顺

应我国社会主要矛盾变化的过程，着力提高汽车供给体系质量，切实解决出行、安全、便利等人民群众急难愁盼的问题，不断提高人民群众获得感、幸福感和安全感。过去，汽车需求以工业运输和军队需求为主，改革开放后，汽车需求逐渐转变为以家庭轿车消费需求为主。通过大力发展汽车工业，努力满足老百姓基本出行需求，切实解决好与百姓生活息息相关的各类问题，有效解决了"有没有"的问题。改革开放后，通过发展"三大三小"轿车工业基地，着力解决了"好不好"的问题。进入新时代后，为适应我国社会主要矛盾变化的特点，顺应人民群众对美好生活的向往，加快推进汽车工业转型升级，加强产品质量品牌建设，有效满足人民群众消费升级和日益增长的个性化、多层次产品和服务需求。这一时期，安全驾乘、便捷出行、移动办公、本地服务、娱乐休闲、绿色出行等用户需求爆发，中国将汽车工业发展的战略重点转向加快发展新能源汽车，以加快中国民族汽车工业发展，建设汽车强国。

（二）汽车工业坚持发展成果更多更公平地惠及全体人民

汽车工业的发展水平，是一个国家制造业软件实力和硬件实力的双重标杆。关于工业化的重要性，毛泽东在20世纪40年代就反复强调，我们在推翻三座大山之后的最主要任务是要搞工业化，由落后的农业国变成先进的工业国，建立独立完整的工业体系。汽车工业的发展与GDP有着高度吻合的增长曲线，它不仅是衡量一个国家制造业和科技发展的标杆，更是衡量人民群众生活水平的标准。汽车工业发展始终以满足人民需要为立足点和落脚点，不仅直接提供物质产品和服务，而且通过自身发展推动经济增长、城乡就业、科技进步，以及提升国防安全保障能力，促进人的全面发展。特别是党的十八大以来，以习近平同志为核心的党中央作出关于汽车强国建设重大决策部署，引领汽车工业发展取得历史性成就、发生历史性变革，显著增强了国家经济实力、科技实力和综合国力。人民享有更多实实在在的发展成果，人民生活质量和水平得到明显提升，汽车就业机会不断扩大，新型城镇化建设持续推进，为全面建成惠及十四亿多人口的更高水平的小康社会提供了有力支撑。

通过加速构建汽车社会，促进汽车工业发展成果人民共享。党的十九届六中全会提出，中国共产党自1921年成立以来，始终把为中国人民谋幸福、为中华民族谋复兴作为自己的初心使命，始终坚持共产主义理想和社会主义信念，团结带领全国各族人民为争取民族独立、人民解放和实现国家富强、人民幸福而不懈奋斗，已经走过一百年光辉历程。改革开放以来，中国以经济建设为中心，人均国民总收入超过1万美元，处于中等偏上收入经济体行列，正在向高收入国家迈进，从总体小康到全面小康，过上了日益富足的生活，人民购买力不断增强，提前进入了汽车社会。汽车工业通过持续打造一流技术、一流产品、一流品牌、一流设施、一流服务，努力做到让人民群众享有更加便捷、更加公平、更有效率的交通出行，让汽车工业发展成果更多惠及广大人民群众。同时，在信息通信、互联网、人工智能、云计算的赋能下，汽车换了心脏，装上大脑，焕发出全新的生命力，加速向新型智能移动空间进化，为汽车产业发展带来了重大机遇，也为破解汽车社会交通安全、道路拥堵、能源消耗、环境污染等难题找到了"金钥匙"。中国将加快推动汽车电动化、网联化、智能化进程，坚持以最广大人民的根本利益为出发点和落脚点，让不断变革的汽车产业更好满足人民日益增长的美好生活需要，助力加速构建美丽中国。

（三）汽车工业致力于不断促进共同富裕和增进民生福祉

汽车工业发展为共同富裕提供物质基础、广阔空间和驱动力量。消除贫困、改善民生、逐步实现共同富裕，是中国特色社会主义的本质要求，是中国共产党的重要历史使命。共同富裕不但是"富裕"，而且还是"普遍富""共同富"，是全社会、全体人民的"共同富裕"，这就需要有比较发达的社会生产力和社会保障水平。作为国民经济的重要支柱产业，汽车工业始终坚持社会主义本质要求的内在统一性，为满足人民对美好生活的向往，逐步实现共同富裕，不断推动经济发展和社会进步，不断夯实共同富裕的物质基础，为取得决战脱贫攻坚的决定性胜利提供了重要支撑。习近平总书记强调，促进共同富裕"要坚持循序渐进"。汽车工业充分发挥在打造新场景、新模式、新业态中的优势作用，持续带动传统产业转型升级，着力培育发展新能源汽车等战略性新兴产业，实现新旧业态同时发力，新老产业同步带动，为共同富裕塑造发展新空间。新时代推动共同富裕，创新仍是引领发展的第一动力，是重要战略支撑，汽车工业领域已成为推动科技创新的主战场，是科技创新最重要的应用场景。

汽车工业发展对构建人类命运共同体具有重要意义。党的二十大报告再次强调，"江山就是人民，人民就是江山。中国共产党领导人民打江山、守江山，守的是人民的心。"明确把"坚持以人民为中心"作为"十四五"时期经济社会发展必须遵循的一项原则，强调坚持人民主体地位，坚持共同富裕方向，始终做到发展为了人民、发展依靠人民、发展成果由人民共享，维护人民根本利益，激发全体人民积极性、主动性、创造性，促进社会公平，增进民生福祉，不断实现人民对美好生活的向往。习近平总书记指出，"当前随着新一轮科技革命和产业变革孕育兴起，新能源汽车产业正进入加速发展的新阶段，不仅为各国经济增长注入强劲新动能，也有助于减少温室气体排放，应对气候变化挑战，改善全球生态环境。"中国新能源汽车产业发展势头强劲，已进入规模化快速发展的新阶段，新能源汽车已成为全球汽车产业纯电驱动转型的重要驱动力。当前，全球汽车产业正在经历百年未有之大变局。"十四五"是中国两个一百年奋斗目标的历史交汇期，是中国汽车产业实现转型升级、迈向汽车强国的关键窗口期。中国汽车工业乘势而上，大展宏图，持续发展新能源汽车，融汇新能源、新材料和互联网、大数据、人工智能等多种变革性技术，推动汽车从单纯交通工具向移动智能终端、储能单元和数字空间转变，带动能源、交通、信息通信基础设施改造升级，促进能源消费结构优化、交通体系和城市运行智能化水平提升，对建设清洁美丽世界、构建人类命运共同体具有重要意义。

第三节　中国汽车工业发展的唯一正确道路

坚持走符合中国国情的发展道路，是中国汽车工业发展壮大的根本原因。道路问题直接关系党和人民事业兴衰成败，中国特色社会主义道路是被实践证明符合中国国情的正确道路，是创造人民美好生活、实现中华民族伟大复兴的必由之路。我们要坚定道路自信，无论遇到多少艰难险阻，都要沿着这条道路坚定不移走下去。习近平总书记指出，"我们党的历史，就是一部不断推进马克思主义中国化的历史，就是一部不断推进理论创新、进行理论创造的历史。"马克思主义中国化，就是把马克思主义基本原理同中国具体实际相结合，吸收古今中外先进思想的精华，用中国特色、中国风格、中国气派的理论话语体系建构中国化的马克思主义。这一立场实质上就是告诫我们：中国的汽车工业发展道路一定要从中国社会所处的历史方位和时代特点出发，才能更好地推进现代化。历史证明，在党的英明领导下，走符合中国国情的汽车工业现代化发展道路是成功的。在不同历史阶段，我党对汽车工业有不同的指导方针和战略规划，完成了不同时期赋予的历史使命和发展任务。

一、筚路蓝缕、从实际出发走中国特色汽车工业发展道路

（一）夯实工业基础，铸就汽车工业发展的"新纪元"

中国汽车工业当前取得的成绩，和中国共产党在社会主义建设初期的正确领导和合理规划分不开，和建国初期五年计划重工业优先的战略思想分不开，和基于社会主义初级阶段的生产关系正确把握分不开。新中国成立伊始，中国共产党擘画领航，开创农业国家建立汽车工业之新伟业。刚刚经受过战争洗礼的祖国大地百废待兴，中国还是一个落后的半殖民地半封建农业国家，工业水平远远落后于发达国家，也落后于许多发展中国家。初登执政舞台的中国共产党面临最大的问题就是如何以最快的速度发展社会主义，以显示社会主义制度的优越性，巩固社会主义制度，突破西方的封锁，摆脱贫穷的帽子。党中央意识到发展现代工业是当务之急，汽车工业更是重中之重。1953年，第一汽车制造厂举行奠基典礼。无数的建设者卸甲从工，放下军刀拿瓦刀，用猛干加巧干的拼劲儿，战严寒，斗冻土，让苏联专家直夸"中国人真了不起！"仅用了三年的时间就建成了一座汽车城。1956年7月13日，新中国第一辆汽车解放牌CA10在一汽诞生，一声引擎，改变了中国人自己不能造汽车的历史。从此，解放汽车不仅是中国汽车工业的发轫，成为中国汽车的先驱，还为中国进行大规模的汽车工业建设创造了丰富而宝贵的经验，培养了一大批汽车行业领导骨干和技术人才。在党中央的号召下，在一汽等多方支持下，中国各大汽车企业如雨后春笋般发展起来，中国汽车工业在党的领导下筚路蓝缕、艰苦创业，从无到有、从有到全，形成了较为完整的汽车工业体系，实现了中国造车的历史使命，为下一阶段的发展奠定了历史基础和人才储备。载满货物的汽车飞速奔驰，不仅改变了中国人民生产生活的方式，坚定了中国人民走中国特色社会主义道路的信心，也为中国特色社会主义工业化的持续推进奠定了坚实的物质基础。

（二）技术引进，借"西风"激活汽车工业发展的"助推器"

依据党中央的决策部署，作为改革开放的领头羊，汽车工业快速吸引全世界的资金和先进技术，构建了能力完备的汽车产业链体系。邓小平同志从1975年起，强调学习鲁迅的"拿来主义"，鲜明提出要虚心学习国外的先进技术等；1978年，在与通用汽车合资的简报上批示"合资企业可以办"，这

大大解放了汽车人被禁锢多年的思想。十一届三中全会开启改革开放大幕，中国汽车企业开始积极引进国外的技术和资金，快速融入全球产业链，形成产业聚集，汽车生产在原有的基础上大幅增长，为国家全力开展经济建设贡献产业力量。1991年，邓小平同志在视察上海大众时欣喜地说："闭关自守不行！如果不是开放，我们造汽车还是像过去一样靠敲敲打打，现在不同了，这是质的变化。"他还意味深长地说："开放不坚决不行，现在还有很多障碍阻挡着我们。"对此，中国汽车行业奠基人之一的陈祖涛深有体会："我们从一汽建成到全国第一个100万辆用了40年的时间，小平同志去世前生产100万辆用8年，当年生产也超过100万辆，事实雄辩地说明他的远见卓识。"事实证明，中国共产党领导改革开放下的技术合作引进是卓有成效和高瞻远瞩的。在市场的搏击中，中国全面实现汽车发动机、变速箱、底盘的国产化，并在市场上获得相当的认可，更为关键的是建立起了一整套的汽车本地产业链，形成了几个以汽车集团为中心的汽车生产集群，为未来发展打下坚实基础，充分发挥了汽车产业的规模效应和带动效应。改革开放为中国汽车工业发展指明了前进的方向，求真务实、超前部署技术合作引进的政策奠定了汽车工业独立自主发展的物质基础和技术基础，为汽车工业从跟跑到并跑贡献了智慧基础和人才储备。从站起来到富起来，汽车行业的发展也为稳定国家经济大盘做出了突出的贡献。

（三）消费转型，加快满足人民日益增长的交通出行需求

汽车消费加快进入家庭，配套政策推动汽车产业市场化发展，中国汽车产业自主化和国际化水平显著提升，实现产销量全球第一的伟大壮举。2001年3月15日，第九届全国人民代表大会第四次会议制定的《国民经济和社会发展十五计划纲要》正式提出了"鼓励轿车进入家庭"，汽车消费逐步从公车消费转向家庭消费，庞大的市场驱动汽车产业加快发展。随着加入WTO的成功，加快推动构建了中国汽车产业的市场化、全球化竞争格局，也带来多元化资金的高强度投入，汽车产业发展进入腾飞的十年黄金期。轿车合资的政策进一步放开，国外品牌加快投资合作，车型引进与国际同步；国外品牌积极推动本土化工作，并加快推动零部件产业链的快速发展；国家进一步鼓励民营资本进入汽车产业，自主品牌产品竞争力日益增强。随着消费需求的日益增多，轿车的新产品数量从2002年的45个快速增长到2010年的200多个，在这一时期实现了产销量全球第一，并成为国家汽车产业链的重要组

成部分，这些都是同党和国家深入推进市场经济和改革开放分不开。同时，随着汽车市场发展不断活跃，配套市场管理的政策不断完善。《汽车产业发展政策》的制定，推动汽车产业市场化的深度改革。完善的管理制度、健全的标准体系保证了汽车准入产品符合安全、环保、节能的要求，并推动产品质量的不断提升。品牌管理、后市场、汽车贸易、汽车金融等管理政策的出台和完善，为快速发展的汽车产业提供了强有力的保障，也为我们党探索市场经济发展取得了宝贵经验。事实证明，只有不断实践、实事求是地推动改革，才能更好地发展社会主义市场经济。

（四）换道超车，新时代成就汽车工业发展的"新辉煌"

进入 21 世纪，中国的制度优势和道路优势在汽车行业得到显著的展现，汽车行业发展进入良性循环。制度优势是一个国家的最大优势，也是一个国家的核心竞争力。实践证明，中国特色社会主义制度体系是一套行得通、真管用、有效率的制度体系，是具有强大生命力和显著优越性的制度体系，为党和国家事业发展、长治久安、社会和谐稳定、人民幸福安康提供了坚实支撑。中国之所以能够创造经济快速发展和社会长期稳定的两大奇迹，一个重要原因就在于充分发挥集中力量办大事的举国体制优势。在汽车工业领域，为解决日益增长的能源需求压力，适应中国能源发展战略转型，自"十二五"起，新能源汽车就被列入了战略性新兴产业，国家加强了对新能源汽车的财政补贴，可以说政策和资金的支持是中国新能源汽车发展的重要推动力。进入新时代，以习近平同志为核心的党中央，立足新发展阶段、贯彻新发展理念、构建新发展格局，加强对中国汽车工业业态创新的宏观调控和政策引导，鼓励消费新模式、新业态发展，推动汽车等消费品由购买管理向使用管理转变；发展战略性新兴产业，加快壮大新能源汽车等产业；加速推进新能源汽车科技创新和相关产业发展等重大决策，着力推动中国汽车工业在世界汽车产业颠覆式变革升级中实现换道超车，推动中国加快实现从汽车制造大国向汽车制造强国跨越。2020 年 7 月 23 日，习近平总书记视察一汽时强调，"我们要成为制造业强国，就要做汽车强国。""我们发展自己的汽车制造业，像一汽这样的企业要当先锋。一定要把关键核心技术掌握在自己手里，要立这个志向，把民族汽车品牌搞上去。""现在中国要向制造业强国、工业强国的更高目标发展，就是要在发展战略性新兴产业方面，抢抓机遇、弯道超车。"在党的英明领导和正确抉择下，中国汽车工业坚持走出了一条符合中国国情的发展道路,并将以更加昂扬的姿态走在"为中国人民谋幸福,为中华民族谋复兴"的道路上,充分彰显出汽车行业的新担当、新作为。

二、发展民族品牌,实现向汽车工业强国转变

紧跟时代步伐,服务国家重大战略,以产业的"大而强"助力提升国家实力和国家声誉。2022年3月1日,习近平总书记在中央党校2022年春季学期开班式上发表重要讲话,对年轻干部提出殷切希望。总书记特别强调,实现第二个百年奋斗目标,我们要坚持党的基本路线,坚持以经济建设为中心,但在新形势下发展不能穿新鞋走老路,必须完整、准确、全面贯彻新发展理念,加快构建新发展格局,推动高质量发展。汽车工业高质量发展,离不开利润率的提升,必须依靠品牌向上发展。整合现有资源和实现换道超车,就必须大力发展新能源汽车和智能网联汽车。在电动化、网联化和智能化带动下,新发展格局开始加快形成,行业间跨界融合也不断推进。中国汽车工业不但继续成为引领国内工业发展的主导力量,也正在成为全球汽车工业健康、稳定发展的重要影响力量。在新形势下,应该充分发挥汽车大国市场的引领作用,开拓汽车产业全球化新局面,力争通过"十四五"期间的努力,实现汽车市场平稳增长和汽车行业转型升级,实行多层次并进的战略路线,全力发展民族品牌,为建设汽车强国夯实基础。

(一)品牌向上,全力发展民族汽车品牌

进一步统一汽车工业发展思想,凝聚发展力量,增强贯彻执行汽车产业发展路线和政策的自觉性和坚定性。中国虽然是汽车工业大国,但是利润率并不高。数据显示,2022年,汽车制造业完成营业收入92899.9亿元,同比增长6.8%,占规模以上工业企业营业收入总额的比重为6.7%。汽车制造业利润为5319.6亿元,同比增加0.6%,汽车制造业利润率为5.7%,较2021年下降0.4个百分点,占规模以上工业企业利润总额的比重为6.3%。如果扣除外资品牌,中国汽车工业的利润还要下调。中国汽车工业利润不高,核心在于品牌不够强大。中国汽车品牌向上已经成为政府主管部门和一线自主品牌企业的共识。为切实贯彻落实习近平总书记在一汽调研时提出的"一定要把民族汽车品牌搞上去"的指示精神,工业和信息化部提出,将持续组织开展中国汽车品牌向上发展活动,为汽车强国建设营造良好环境。自2021年起,中国汽车工业协会连续组织开展"中国汽车品牌向上发展专项行动"。

中国一线自主品牌也不遑多让,大多推出了自己的高端品牌。如一汽红旗 H9,是首个牢牢站稳 40 万元级的国产品牌产品,理想、蔚来等品牌将全系产品平均售价保持在 30 万元以上。哈弗 H9、坦克 500 系列,也一度出现以前进口车型或者合资车型才有的加价提车现象,品牌向上的发展成效越发显现。

(二) 数字整合,推动新型汽车发展

中国数字化基础建设的广度和深度全球第一,为智能网联新能源汽车的发展带来重大的现实保障和历史机遇。中国传统汽车产业起步较晚,自主研发能力薄弱,长期以来,重引进、轻消化吸收,导致研发整体实力与国外先进水平相比差距明显,想要赶超存在一定困难,新能源汽车产业是中国汽车产业实现"换道超车"的机会窗口。经过政策端的引导和研发端的不懈努力,中国品牌新能源汽车依靠先发优势,已形成品牌的新特征,有望率先实现品牌突破。通过多年来对新能源汽车整个产业链的培育,各个环节逐步成熟,丰富和多元化的新能源汽车产品不断满足市场需求,使用环境也在逐步优化和改进,在这些措施之下,新能源汽车越来越受到消费者的认可。汽车产业电动化、网联化、智能化的发展,尤其是数字化作为底层技术带来的变革需要重塑整个产业链,使得汽车产业从制造行业单线到多产业链深度融合。以习近平同志为核心的党中央高度重视数字化发展,明确提出数字中国战略。发挥数据的基础资源作用和创新引擎作用,加快形成以创新为主要引领和支撑的数字经济;构建以数据为关键要素的数字经济;坚持以供给侧结构性改革为主线,加快发展数字经济,推动互联网、大数据、人工智能同实体经济深度融合,推动制造业加速向数字化、网络化、智能化方向发展。新能源汽车与智能网联汽车带来的数字化技术融合会提供新的机会,提升产业基础能力,带动新一轮科技革命和产业变革,培育汽车工业发展新优势。

(三) 建设统一大市场,推动中国汽车工业进入新发展阶段

汽车产业是国民经济的支柱产业,其产业链长、带动性强、影响面广、就业人员多,在国民经济发展中发挥举足轻重的作用,是建设全国统一大市场的重要一极。2022 年 3 月 25 日发布的《中共中央 国务院关于加快建设全国统一大市场的意见》提出,要加快建立全国统一的市场制度规则,打破地方保护和市场分割。推进全国统一大市场建设,汽车工业显然要成为主力军。中国汽车产业经过多年发展,已经形成长三角、珠三角、长江中游、京津冀、

成渝、东北等成熟的汽车产业集群,对推动产业专业化分工、有效配置生产要素、促进区域发展等发挥了重要作用,2022 年,全国汽车产量排名前 10 的省市占总产量的比重达 **69.4%**(见图 6-1)。

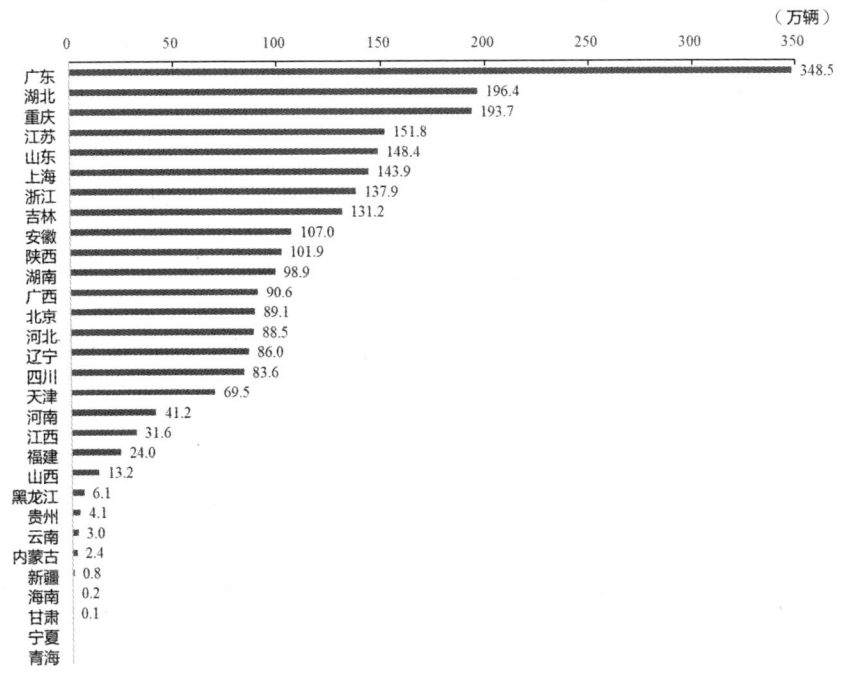

图 6-1　2022 年主要省市汽车产量

数据来源:工业和信息化部装备工业发展中心,2023 年 1 月。

站在"两个一百年"的历史交汇期,党中央提出中国经济由高速增长阶段转向高质量发展阶段,意味着发展模式从规模扩张转向结构升级。过去地方政府推动汽车行业百花齐放,并积极推动中国汽车市场发展成为世界第一大汽车市场。早在中国汽车业起步之初,各地就纷纷大量上马汽车项目,全国有多达 22 个省份要打造汽车全产业链,让其成为本地支柱产业,但客观上由于地方保护主义也在一定程度上切割了国内大市场。为加快建设国内统一大市场,工业和信息化部加速推动清理地方保护政策。此外,国家在扶持新能源汽车企业创业模式、加大新能源汽车在公交车等公务领域的推广、鼓励新能源汽车的技术研发等方面也出台新的政策,全面推动中国新能源汽车产业由大到强转变。毋庸置疑,在未来一段时间内,中国汽车产业会迎来更深度的资源整合,进一步提升中国汽车产业在全球汽车产业变革的话语权。

第四节　中国汽车工业发展的指导原则

坚持贯彻新发展理念，是中国汽车工业在新阶段发展壮大的活力源泉。习近平总书记指出，党的十八大以来，我国对经济社会发展提出了许多重大理论和理念，其中新发展理念是最重要、最主要的。新发展理念是一个整体，在贯彻落实中要完整把握、准确理解、全面落实，在实际工作中要使之协同发力、形成合力。在汽车工业高质量发展中，创新、协调、绿色、开放、共享五大发展理念不是彼此割裂的，而是相互联系、相互贯通、相互促进的，具有内在联系的、不可分割的整体。新发展理念是一个系统的理论体系，对汽车工业而言，阐释了汽车工业发展的目的、动力、方式、路径等一系列理论和实践问题，提出了对汽车工业的高质量发展的要求。

一、坚持创新驱动发展、全面塑造发展新优势

创新是发展的驱动力，中国汽车工业发展史就是一部创新史。20 世纪 60、70 年代，红旗轿车之所以被誉为"国车"，自主研发的技术、自力更生的精神是重要原因。改革开放后的中国汽车工业实践证明，关键核心技术是要不来、买不来、讨不来的。近年来，汽车工业以科技创新抢占市场、以能源创新引领未来、以数字创新提升全行业乃至全产业链的智能化程度。党的二十大报告指出，加快实施创新驱动发展战略。坚持面向世界科技前沿、面向经济主战场、面向国家重大需求、面向人民生命健康，加快实现高水平科技自立自强。这是以习近平同志为核心的党中央把握世界发展大势、立足当前、着眼长远作出的重大战略部署。新时代新征程，中国汽车工业必须站在关乎生存和发展的全局高度，坚定不移走中国特色自主创新道路，自觉强化科技创新的主体意识，持续强化创新在建设汽车强国、制造强国中的战略支撑作用，围绕产业链和供应链布局创新链，加快科技自立自强。

2020 年以来，随着中国新能源汽车在动力性能、安全防护、充电时间和续航里程等方面进步明显，市场竞争力显著增强，新能源汽车的销量占比不断提升。中国新能源汽车成为全球第一大市场来源地和全球最大的生产基地，在技术的掌握和优质品牌的建立上，逐步摆脱了制约，实现了换道超车。以比亚迪为例，其发展秉承"技术为王、创新为本"，发展之初通过逆向研发、正向消化多款国际知名车型设计理念，在保证质量的前提下大幅度降低成本，

造就中国第一款国产超级畅销车。进入新发展阶段后,比亚迪成为掌握三电、IGBT 等核心技术的车企,加之刀片电池、DM-i 等前沿技术,具备国际先进水平。

汽车行业的竞争永远是技术的竞争,市场往往向真正的技术领先者倾斜。中国汽车市场以逆向研发模仿起步,但单一的外形模仿者无一幸存。中国汽车工业发展前期依靠较强的技术消化和吸收能力增强战略资产,在市场上形成逆向技术溢出效应后,市场占有率显著提升。进入新发展阶段后,技术创新形成的品牌效应更加明显。

二、协调发展体系,促进整零协同发展

坚持协调发展,就是实现辩证发展、系统发展、整体发展,解决发展不平衡问题。新发展理念把协调发展放在中国发展全局的重要位置,坚持统筹兼顾、综合平衡,正确处理发展中的重大关系,补齐短板、缩小差距,努力推动形成各区域、各领域欣欣向荣、全面发展的局面。协调发展是对马克思主义关于协调发展理论的创造性运用,是我们党对经济社会发展规律认识的深化和升华,为理顺发展关系、拓展发展空间、提升发展效能提供了根本遵循。经历了新冠疫情初期艰难的保供战斗,2020 年 12 月召开的中央经济工作会议首次提出"增强产业链供应链自主可控能力"是 2021 年经济工作的重点任务之一。对当今汽车工业而言,处理产业链供应链等各种关系、统筹兼顾各方面发展进程,成为最大的协调发展问题。汽车工业的发展,如同指挥大型乐队,只有整零协同、多领域交叉融合,才能奏响汽车工业发展的交响曲,演奏出汽车工业换道超车、抢占世界之巅的进行曲。

伴随汽车工业发展,尤其是改革开放后汽车工业的快速发展,中国汽车零部件产业发展也取得了长足进步。从"小而散"到现在基本建立起较为完整的零部件配套供应体系和零部件售后服务体系,为汽车整车工业发展提供了强大支持。同时,中国汽车零部件企业通过创新努力和紧抓"三化"机遇,涌现出一批国产优秀骨干企业,如福耀玻璃、宁德时代等,他们都用自己的独特技术和匠心精神,做到了所在领域的全球第一。在加快构建以国内大循环为主体、国内国际双循环相互促进的新发展格局下,中国汽车供应链的自主可控能力得到了进一步提升,特别是在整车制造企业普遍依赖跨国零部件供应商之时,因贸易摩擦、新冠疫情反复而导致的全球关键零部件短缺甚至断供,给中国自主零部件企业提供了良好的发展机遇,中国汽车零部件企业

的创新研发实力不断增强。特斯拉超级工厂落户上海临港后，加速了包括车身、底盘、内外饰和汽车电子等汽车零部件国产化，带动了供应链体系中自主零部件企业的加速成长。

中国一直注重汽车整车产业的发展，对零部件和相关配套产业的聚集关注不够，导致汽车零部件企业的研发能力相对较弱。在发达国家，汽车零部件企业的创新研发能力领先于整车企业。国外一辆新开发的整车，70%的知识产权属于汽车零部件企业。汽车工业的竞争在很大程度上是零部件产品技术、规模、类型、品质、成本，以及服务的综合竞争，在汽车产业全球化与转型升级的背景下，汽车零部件的地位越发突出。当前，民族汽车品牌发展竞争激烈，一定程度上是汽车零部件配套体系的竞争，也就是汽车产业链、价值链的竞争。在这一发展过程中，中国应当加强整零协同创新，推动整车与零部件企业形成利益共同体，从零部件管理模式转换为供应链共生共荣。零部件企业要深度参与整车新车型的全过程开发，只有在新产品开发阶段提前协作、同心协力、协同创新，才能构建安全可控的汽车产业链。形成健康的国内供应链大循环，完善自身布局，利用今后5~10年的战略机遇期，发展和建立强大的汽车供应链，进而参与国际竞争，努力实现国内国际双循环。同时，产业链供应链自主可控能力要以国内统一大市场的循环为主体，以全国市场为基础，畅通物流、人流、资金流及信息流，并着力推动跨行业协调发展。在"三化"带来的历史机遇期，通过加快核心系统打造和新业务布局，形成"强链""补链""畅链""护链"的强大合力，进一步优化产业布局，努力形成整零企业携手共进的生动局面。

三、建立绿色发展体系，助力建设中国的碧水蓝天

绿色循环低碳发展是当今时代科技革命和产业变革的方向，是最有前途的发展领域，中国汽车工业在此领域具有相当大的发展潜力。无论是前期制造还是使用，以及后期回收，汽车工业的绿色发展体系不仅有重大的社会和生态意义，还有潜力巨大的经济利益。为此，汽车工业必须坚持节约资源和保护环境的基本国策，坚定走生产发展、生活富裕、生态良好的文明发展道路，加快建设资源节约型、环境友好型社会，协助推进美丽中国建设。

绿色发展注重的是解决人与自然和谐问题。《中共中央　国务院关于完整准确全面贯彻新发展理念做好碳达峰碳中和工作的意见》《国务院关于印发2030年前碳达峰行动方案的通知》相继发布，为推进双碳工作，提出了加强

二氧化碳统计核算能力建设，完善绿色低碳产品评估、认证体系等要求，并将扩大绿色低碳产品的供给和消费。与此同时，《"十四五"工业绿色发展规划》文件发布，进一步从产业结构调整、能源低碳转型、资源高效利用、清洁生产等方面描绘了"十四五"工业绿色发展蓝图，提出分行业建立产品全生命周期的绿色低碳基础数据平台，为汽车工业绿色低碳发展指明了方向。

贯彻绿色发展理念，汽车工业一方面要开发更多绿色技术、产品和解决方案，为各行业、各领域活动的绿色转型提供技术基础；另一方面，也要提高自身的绿色发展水平，其中既包括汽车工业内部结构向更加绿色低碳转型，也包括提高能源和资源利用效率、加强循环经济发展、减少污染物和二氧化碳的排放，为美丽中国建设和全球生态安全做出贡献。

四、继续开放发展，强项"引进来"产品"走出去"

坚持开放发展，就是深度融入世界车市，积极参与全球汽车市场的开发，同时吸取国外先进技术和宝贵经验，解决汽车工业发展内外联动问题。当前，国际经济合作和竞争局面正发生深刻变化，全球经济治理体系和规则正面临重大调整，"引进来""走出去"在深度、广度、节奏上都是过去所不可比拟的。应对外部经济风险、维护国家经济安全的压力，也是开放发展注重的解决内外联动问题。中国对外开放水平总体上还不够高，用好国内国际两个市场、两种资源的能力还不够强，应对国际经贸摩擦、争取国际经济话语权的能力还比较弱，运用国际经贸规则的本领也不够强，亟须加快弥补。

中国改革开放 40 多年来的发展成就得益于对外开放。有效利用外资解决了中国经济发展过程中特别是改革开放之初的资金短缺问题；外资带来的先进技术和管理经验，减少了中国赶超他国的成本和时间；发挥劳动力丰富、人力成本较低的比较优势参与国际分工，极大地促进了劳动密集型产业的规模提升，并进而带动资本和技术密集型产业的快速发展，推动中国汽车工业规模迅速发展壮大，成为世界重要的汽车基地。

中国汽车产业国际化发展有利于适应全球汽车产业竞争格局。随着全球新一轮科技革命和产业变革，世界汽车产业竞争格局将不断加剧。中国汽车产业发展加速从"引进来"向"走出去"转变，切实推进汽车产业的贸易国际化、资本国际化、生产国际化，积极融入全球汽车产业国际分工。围绕打造世界汽车强国的目标，加快汽车产业和新兴科技产业的国际并购与整合，进而通过建立具有竞争力的国际汽车产业供应链体系，有效运用全球资源促进中国汽车产业高质量发展。中国汽车制造业紧抓"一带一路"机遇，加强与沿线国家的国际合作，积极扩大汽车出口，提高在当地的市场占有率和影响力，并适时属地化投资建厂，开展新能源汽车生产布局，拓展新的增长空间，进一步获取市场和利润，实现资本积累并反哺国内产业链升级优化。此外，在国内汽车产业中，通过严格市场准入机制、实行差别价格杠杆机制、差别税收调节机制、信贷控制机制、监督监管机制等，强化实施淘汰落后产能的倒逼机制，有效推动中国汽车产业实现高质量发展。

五、共享发展成果，效率优先，兼顾公平

共享发展的理念实质就是坚持以人民为中心的发展思想，体现的是逐步实现共同富裕的要求。人人共建、人人共享，是经济社会发展的理想状态，共享发展理念要求维护社会公平正义，保障发展为了人民、发展依靠人民、发展成果由人民共享。汽车工业的共享发展必将有一个从低级到高级、从不均衡到均衡的过程，即使达到很高的水平也会有差别。我们要立足国情、立足经济社会发展水平思考设计共享政策，既不裹足不前、锱铢必较，也不好高骛远、寅吃卯粮、口惠而实不至。一方面，中国3000万汽车工业相关从业者需要共享汽车工业的发展成果。另一方面，对中国广大人民群众来说，汽车工业提供了多种多样、层次不同的消费产品，满足人民群众对美好生活的需要。

第五节 中国汽车工业发展的不竭精神动力

习近平总书记在庆祝中国共产党成立100周年大会上指出，一百年前，中国共产党的先驱们创建了中国共产党，形成了坚持真理、坚守理想，践行初心、担当使命，不怕牺牲、英勇斗争，对党忠诚、不负人民的伟大建党精神，这是中国共产党的精神之源。问渠那得清如许，为有源头活水来。伟大建党精神是中国共产党的精神之母，为我们立党兴党强党提供了丰厚滋养。共产党人的精神谱系中的诸多精神，都是伟大建党精神派生出来的，是伟大建党精神的丰富和发展。可以说，矢志不渝的理想、坚如磐石的信念，始终贯穿在党的奋斗历程中，指引党不断从胜利走向新的胜利，引领中华民族迎来了从站起来、富起来到强起来的伟大飞跃。在百年接续奋斗中，汽车工业人不断奋进，在中国共产党伟大建党精神的感召下，笃定初心、勇担使命，

为党和人民事业无私奉献。不论是老一辈奠基者们呕心沥血的奋斗，还是新一代奋斗者们的勇立潮头的拼搏，都是在伟大建党精神的引领、激励、支撑下，结合不同的历史任务、时代特征而建构、生发出来的精神力量。时代是出卷人，我们是答卷人，人民是阅卷人。汽车工业人传承伟大建党精神，不断领会和发扬伟大建党精神，为国家、为人民交出了一份又一份优秀答卷。现在，我们又踏上了实现第二个百年奋斗目标的新征程。过往成就越是不凡，我们越是要保持高度的历史清醒和战略定力，越是要传承好应对各种风险挑战的精神法宝，永远把伟大建党精神继承下去、发扬光大，把握历史主动，为建设制造强国贡献行业力量。

一、中国汽车工业人始终坚守的精神——艰苦奋斗，担当使命

（一）开天辟地的一汽创业精神

在"三年建厂，结束了中国不能生产汽车的历史"的第一次创业中，孕育了一汽人的创业精神。1953 年 7 月 15 日，当镌刻着毛泽东同志题词的白玉基石植入充满创业激情的热土时，中国汽车工业从这里起步。一汽人风霜雨雪、披星戴月、头顶蓝天、脚踏荒原，吃饭当"排长"、学习当"连长"，睡觉当"团长"，工作当"旅长"，三年完成建筑面积 702480 平方米，铺设各种管道 86290 米、电缆 47178 米，安装设备 7552 台，制造工装 2 万多套。一个年产 3 万辆的现代化汽车厂拔地而起。一汽的第一代创业者一边建设、一边学习，以自力更生、艰苦创业的实干精神；一丝不苟、精雕细刻的严细精神；不为名利、顾全大局的奉献精神；为厂争名、为国争光的进取精神，实现了中国汽车工业的从无到有。第一次创业所形成的创业精神，为一汽乃至中国汽车工业发展奠定了重要基础。

在时代潮流中，一汽人持续创业，始终牢记汽车强国使命，勇毅前行。改革开放，国门打开，面对世界汽车工业新技术的挑战，一汽人果断摒弃"三十年一贯制"的局面，依靠第二次创业中"争第一、创新业"的企业精神，走出了一条"自主开发、自筹资金、自主建设，不停产改造老企业、发展新产品"的路子。以"手把红旗不放，站在排头不让"的劲头，以"用第一的质量造名牌汽车，把第一的服务送广大用户"的质量追求，使产品一步跨越三十年。20 世纪 90 年代，面对外国品牌汽车蜂拥而至的残酷现实，一汽人勇敢担起了"发展轻轿、挡住进口"的责任，开展体制、产品和市场结构转

变的第三次创业，实现了企业经营理念向以"用户为中心"的转变。实现了"四个转变"，即由单一工厂体制向公司化体制转变，由单一资本结构向多元资本结构转变，由单一产品向多品种、宽系列产品转变，由单一国内市场向国际、国内两个市场转变。进入21世纪，面对做强民族汽车品牌的历史使命，一汽人在第四次创业中把增强自主创新体系能力作为企业自主发展的战略基点。以红旗为首的自主品牌以大刀阔斧的魄力，进行自我突破，开启了一场以改革为动力，以务实创新为依托的焕新之旅。近年来，中国一汽认真贯彻落实习近平总书记视察一汽重要讲话精神，在强大一汽、振兴红旗的生动实践中，积极形成了中国一汽先锋文化。回顾历史，一汽从建厂开始，就把自己的发展和进步与国家和民族的命运紧紧联系在一起，一代又一代一汽人用创造一个又一个"第一"的坚韧奋斗，不负祖国和人民的重托，无愧"共和国长子"的使命。

（二）顶天立地的二汽马灯精神

一盏盏马灯，点燃了艰苦奋斗、敢做善为的创业激情，照耀了振兴民族汽车工业起步的奋斗方向。1952年的冬天，筹备建设长春一汽的方案刚刚敲定，毛泽东同志就作出了重要指示，中国这么大，光一个一汽是不够的，要建设第二汽车厂。但当时谁也没有想到，当1969年二汽开始建设的时候，地点选在了陕、鄂、豫、川交界，位于秦岭脚下交通闭塞、人口稀少的十堰。在山沟里建汽车厂，是中国乃至世界汽车发展史上从未有过的尝试，也是那个时代的中国，在所面临的国际环境和经济形势下的现实选择。从二汽在山沟沟里诞生之日起，就被赋予了一项使命：打造中国最高水平的汽车厂，建立中国自己的汽车工业体系。于是，中国汽车工业的奠基人、一汽厂长饶斌来了，中国汽车业唯一的学部委员孟少农来了，一汽三分之一的员工从长春来了，全国各地的汽车专业技术人员来了，十万建设大军来到了秦岭脚下的山沟里，高擎的马灯照亮了十堰这个偏远小镇。没有任何工业基础设施的十堰，没有电，照明只能靠马灯。没有厂房，就用干打垒、搭芦席棚的方法建造厂房，一条山沟一个厂。没有住房，建设者们就在干打垒里过渡，先生产后生活。下雨时，芦席棚里也在下小雨。河沟的水位暴涨，人只能站在水里，铺开木板搞设计。夜晚，他们就提着马灯继续勘察设计，在芦席棚里开发制造汽车。1970年，在马灯精神的照耀下，第一代东风人在芦席棚车间里，靠着双手敲打出了中国第一辆EQ240型东风汽车。1975年，完成了汽车工业体系的建设,将第一代越野型载货汽车——EQ240正式投产。一汽结束了中国人不能造汽车的历史,二汽则结束了中国人不能自主建立汽车工业体系的历史。"印象最深的就是,晚上想加班,但没有电,大家就点起了一盏盏马灯,微弱的光聚在一起,就是一团亮光。"经历过当年建设工作的退休工人回忆说,没有马灯做贡献,就没有一台台东风牌汽车下线。慢慢地,马灯化作一种指引东风人克服困难、勇攀高峰的精神,鼓舞一代又一代东风人精益求精、追求卓越。曾经的二汽承载了无数人的工业强国梦想,如今的东风正在续写高质量发展的传奇。变的是流水线上的劳动者,不变的是永驻每个劳动者心头的"马灯精神"。

(三)改天换地的三线精神

好人好马上三线,备战备荒为人民。进入20世纪60年代,随着中苏在意识形态上出现分歧,面临比美国及其西方盟国的持续封锁更大的挑战,中国汽车工业技术的外部主要来源全部中断,但这并没有击垮中国汽车工业,反倒激发了汽车人自立自强的行动力。同时,严峻的外部环境迫使中国共产党忍痛中断了快速发展的原有建设路线,将有限预算的近40%投入三线建设中。出于战备需要,建设者们义无反顾地投入轰轰烈烈的三线建设。当时中央考虑到一汽、济汽等企业均在远东苏军和驻韩美军轰炸机航程范围之内,于是决定在湖北组建二汽、在陕西组建陕汽、在重庆组建川汽。来自全国各地的建设者们,放弃相对舒适的生活和相对优厚的物质待遇,告别亲人,远离城市,奔赴人烟稀少的深山峡谷,与天斗,与地斗,与各种困难斗,披荆斩棘,顽强拼搏,涌现出无数可歌可泣的模范人物和英雄事迹。至今仍被广为流传的"献了青春献终身、献了终身献子孙"的口号,正是三线人精神境界的真实写照。

艰苦创业,无私奉献,团结协作,勇于创新。汽车工业的艰苦努力离不开汽车研发人员的努力。第一任重型汽车研究所(现中国汽车工程研究院股份有限公司)所长裘志民带领重型汽车科研工作者一边建设研究所基地,一边从事法国贝利埃重型汽车技术引进工作,这就是三线建设人最美的样子。为了尽快完成图纸资料的吸收转化,他们喝着稻田水、住着干打垒。在恶劣的环境下,完成了中国第一辆重型军用越野汽车的图纸设计。在奋斗的过程中,有过成功,也遇到过无数挫折和阻碍。特殊时期,所里遭到重大变故和打击,生产活动一度停止。改革开放初期,面对全国各地科研院所经费大幅度缩减的局面,所里也有过前路未明的犹豫和徘徊。但最终,科研工作者们以大无畏精神积极响应国家政策,勇敢开启体制转型,融入市场经济大局,一步步从成功走向辉煌。在奋斗过程中铸就的"敢攀高峰、敢啃硬骨头"的精神内涵,也在漫漫岁月里代代传承,延续到了今天。

二、中国汽车工业人不断传承的基因——独立自主,探索创新

创新是一个民族进步的灵魂,是一个国家兴旺发达的不竭动力,也是中华民族最深沉的民族禀赋。回顾党的百年奋斗历程,我们党团结带领人民披荆斩棘、上下求索、奋力开拓、锐意进取,走出了前人没有走出的路。创新是时代的主旋律,是时代精神的核心,也是决定未来长远发展的法宝。越是伟大的事业,越充满艰难险阻,越需要艰苦奋斗,越需要开拓创新。中国共产党的百年奋斗史,中国汽车工业的现代化进程,就是一部开拓创新史。党领导中国汽车工业取得的一切成就,不是天上掉下来的,不是别人恩赐的,而是通过艰苦奋斗、开拓创新得来的。

1950年3月,在国家决策兴建一汽之后仅2个月,重工业部直属的汽车工业筹备组便开始运作。7月3日,汽车工业筹备组播撒下自主技术发展的第一粒种子,即汽车实验室。汽车实验室工作地点设在北京南池子76号,总面积仅约1000平方米,但却是计划经济下的国家最高汽车研究开发机构。筚路蓝缕、创业维艰,汽车实验室利用有限的外汇购买了关键试验设备,吸收海归人才、培养大专院校毕业生,成为新中国汽车工程师的摇篮。后来,汽车实验室发展成为汽车拖拉机研究所,而后又派生成汽车研究所及拖拉机研究所,汽车研究所迁建长春,与一汽设计处等技术部门合并改组为一汽技术中心。在一汽,没有任何图纸资料和技术可借鉴,老一代汽车人用法国的西姆卡轿车作为样车,设计了我国第一辆国产小轿车——东风,并凭借自己的才智,仅用33天设计制造了我国第一辆国产高级轿车——红旗。汽车研究所始终坚持"产品设计和科研必须为产品换型服务"的方针,在产品研发方面做了大量工作,取得了可喜的成绩,一批科技人员得到锻炼,促进了复合型人才的成长。另有一则轶事更能说明汽车人的远见卓识,那就是苏联援建一汽时没有建设试验场项目,但孟少农认识到汽车厂必须有自己的试验场,在他的带领下,在一汽西边一个已废的加工厂里自己设计建设了中国第一条试验跑道。海南汽车试验场前身是海南热带汽车试验站,始建于1958年11月,是执行落实我国和苏联1956年签订的《中国和苏联科学技术合作

计划》的产物。它的建立曾被整个社会主义阵营的汽车行业所倚重，至今仍是中国汽车工业独具特色的一个试验场所。

中国汽车工业开拓创新的种子生根发芽。在从汽车实验室到一汽，再从一汽包建二汽，援建川汽、陕汽，再到在中国汽车总公司的安排下抽调行业人才组建中国汽车技术研究中心、发展重庆重型汽车研究所等过程中，开拓创新这颗种子不断茁壮成长，并成为中国汽车自主技术发展的中坚力量。有了建设一汽的经验，在后续二汽、川汽的建设过程，建设自主开发的能力、建立汽车研发机构，推动汽车产品更新换代就被提上了日程。率先建成的川汽采取了"部分引进与自力更生"相结合的方针，产品、样车、工艺、工装、技术资料从法国贝利埃公司引进，部分关键设备从西欧引进，自主进行选厂、规划、工厂设计、施工，以及生产大部分设备。但在特殊年代，也出现了技术引进还没有吃透，就不切实际地开展改进和创新，导致花了国家大量外汇买回的技术资料被束之高阁，教训深刻。在建设二汽时吸取教训，1975年，成立了工艺研究所，系统地开展汽车生产过程中的工艺研究，还顶住压力建立起发动机台架实验室等关键的研究场所，并拓展为相当规模的技术中心。后来又集全国之力，在济南建立了重型汽车研究所。这样，中国的几大汽车企业都有了自己的汽车研发机构。之后，为解决汽车行业缺少第三方技术机构的问题，建立了中国汽车技术研究中心、重庆重型汽车研究所等一批独立的、国家级的汽车研究机构，开展全球信息收集、标准法规、检测、设计等工作。在那样一穷二白的条件下建立起全面的研发能力本就是中国汽车行业开拓创新精神的真实体现，更关键的是培养出了一批核心的技术人才，这批人才延续了老一辈汽车人担当、创新、舍我其谁的精神和技术传承，憋着一股要把中国汽车技术搞上去的劲儿，在具备条件后迸发出璀璨的光芒。

市场换不来技术，只有坚持自主技术发展才能赢得竞争。改革开放初期，党中央大力推进技术引进战略，中国汽车产业采取"市场换技术"方针，事实证明是行之有效的。当然，核心技术要在引进消化吸收的基础上，通过不懈自主创新、不懈钻研才能真正掌握。在国家战略的正确指引下，中国汽车工业建立起自己的产品开发体系，并加强对汽车人才的培养，在引进技术的基础上坚定不移走自主创新之路。以一汽、二汽为代表的央企不断提高产品研究、设计、试制、试验、验证、工艺、材料技术，持续加强装备能力，通过联合开发、咨询、技术引进等多种方式，与国际先进开发体系逐步接轨。20世纪90年代，上汽集团利用外企本地化的需求，联合成立上海大众技术中心、泛亚汽车技术中心有限公司及汽车工程研究院等，加强本土化技术研发。长安汽车自主创新最大特点是将国外合资合作方视为资源而非创新主体，通过技术创新的渐进式升级，构建"以我为主"的自主创新体系。2003年是一个标志性的年份，长安汽车在意大利都灵成立了中国第一个海外汽车设计中心——长安汽车欧洲设计中心；潍柴动力与 AVL 公司在奥地利建立了欧洲研发中心，使潍柴动力的研发能力延伸到了世界技术前沿，逐步具备了独立自主进行原始创新的能力；这一年，吉利成立汽车研究院有限公司，奇瑞成立汽车工程研究院，奇瑞、吉利不约而同选择走向正向研发的自主发展之路。之后，吉利还成立了吉利大学等人才培养机构，除大量培养国内人才之外，还抓住全球金融危机导致的世界汽车业变局等机会，吸引大量国外汽车高端技术人才进入中国。中国民族汽车品牌的迅猛发展从此起步，反映出自主创新模式的强大生命力，为中国汽车产业转型升级开辟出一条新路。

第七章

奋进新征程：中国汽车工业现代化面临形势和发展路径建议

第一节 面临形势

习近平总书记深刻指出，当今世界正经历百年未有之大变局，世界处于深刻变化之中，各国相互联系、相互依存、相互影响。这为我们正确把握国内国际形势发展变化，准确认识两个大局相互制约、相互促进的互动关系，科学预见历史发展趋势和世界格局演变走向，谋划和做好新时代各项工作提供了战略指引和根本遵循。

新一轮科技革命和产业变革正在重塑全球经济结构，同时也深刻改变着人类社会生产和生活方式。国际环境日趋复杂，不稳定性、不确定性因素明显增加，全球产业链供应链加速重构。党的二十大报告提出，高质量发展是全面建设社会主义现代化国家的首要任务。这为汽车产业下一阶段的发展指明了方向，即要在当前构建以国内大循环为主体、国内国际双循环相互促进的新发展格局下，坚持党的全面领导，以创新为驱动力，培育世界一流的汽车企业和品牌，提高汽车产业全球竞争力，推动汽车产业高质量发展，加快建设汽车强国。

一、第二个百年奋斗目标对汽车工业现代化提出了新要求

2021年7月1日，在庆祝中国共产党成立100周年大会上，习近平总书记代表党和人民庄严宣告，经过全党全国各族人民持续奋斗，我们实现了第一个百年奋斗目标，在中华大地上全面建成了小康社会，历史性地解决了绝对贫困问题，正在意气风发向着全面建成社会主义现代化强国的第二个百年

奋斗目标迈进。全面建成小康社会，是中国共产党第一个百年奋斗目标。全面建成社会主义现代化强国，是中国共产党的第二个百年奋斗目标。中国中长期经济社会发展目标和任务明确，从当前到 2035 年要基本实现社会主义现代化，到 21 世纪中叶，建成富强民主文明和谐美丽的社会主义现代化强国。

党的二十大报告指出，建设现代化产业体系，坚持把发展经济的着力点放在实体经济上，推进新型工业化，加快建设制造强国、质量强国、航天强国、交通强国、网络强国、数字中国。汽车产业是国民经济重要的支柱性产业，是现代化产业体系的重要组成部分，汽车产业的健康可持续发展，事关国家竞争力的综合体现、人民群众的生活出行、社会资源的顺畅流通和生态文明的全面跃升。社会主义现代化强国目标为汽车产业发展提出了更高要求。

（一）要求建立完善的法制化管理体系

推进全面依法治国，是以习近平同志为核心的党中央从坚持和发展中国特色社会主义出发、为更好治国理政提出的重大战略任务，是事关我们党执政兴国的一个全局性问题。党的十八大以来，习近平同志围绕全面依法治国发表一系列重要论述，立意高远，内涵丰富，思想深刻，为推进社会主义法治建设提供了基本遵循和行动指南。党的二十大报告指出，必须更好发挥法治固根本、稳预期、利长远的保障作用，在法治轨道上全面建成社会主义现代化国家。法制化管理是实现汽车产业现代化和汽车社会可持续发展的必要手段。汽车产业发展实现有法可依，依法管理，严格执法将有助于进一步提高产业管理效能，促进汽车产业和相关社会要素协调有序发展，形成汽车与相关社会要素协调包容的良性发展局面。

（二）要求形成高效的新型自主创新体系

实现高质量发展，必须实现依靠创新驱动的内涵型增长。党的二十大报告指出，必须坚持科技是第一生产力、人才是第一资源、创新是第一动力，深入实施科教兴国战略、人才强国战略、创新驱动发展战略，开辟发展新领域新赛道，不断塑造发展新动能新优势。汽车产业要探索建立既能发挥市场作用，又能发挥国家战略动员和创新资源组织作用，既能激发汽车行业自身活力，又能实现汽车创新链各环节有效整合的创新体系。迫切需要培育一批核心技术能力突出、集成创新能力强的创新型领军企业，通过全行业协同创新，构建完善的汽车行业创新支撑体系，提升技术标准、测试评价等系统化服务能力,以社会需求为导向完善汽车学科体系建设,为汽车产业创新发展提供源源不断的人才和智力支持。

(三)要求持续提升汽车发展国际化水平

党的二十大报告指出,深度参与全球产业分工和合作,维护多元稳定的国际经济格局和经贸关系。汽车产业国际化发展水平是产业竞争力的重要体现。一方面,要求汽车产业提高"引进来"水平,加大引进、吸收和创新力度,提高引资、引智、引技的质量水平,加强研发创新、品牌培育等合作。另一方面,要求汽车产业提高"走出去"的能力,树立国际化发展的战略理念,为企业"走出去"提供政策便利,完善境外投资管理制度和措施,强化企业"走出去"的法律保障,为企业提供政策法规、检测认证等综合服务。

(四)要求坚持以人民为中心的发展思想

党的二十大报告指出,坚持以人民为中心的发展思想。维护人民根本利益,增进民生福祉,不断实现发展为了人民、发展依靠人民、发展成果由人民共享,让现代化建设成果更多更公平惠及全体人民。当前,汽车正走进千家万户,逐步成为人民群众日常生活和交通运输的重要工具,对消费结构、出行方式、文化习俗等带来巨大影响。为进一步实现汽车社会可持续发展,要牢固树立以人民为中心的发展思想,加强汽车社会宏观管理和统筹协调,为社会提供更安全、更节能、更环保、更舒适的出行方式和综合解决方案,持续满足人民群众日益增长的出行需求。

二、百年未有之大变局加速汽车产业变革

《中华人民共和国国民经济和社会发展第十四个五年规划和2035年远景目标纲要》指出,国际环境日趋复杂,不稳定性不确定性明显增加,新冠疫情影响广泛深远,世界经济陷入低迷期,经济全球化遭遇逆流,全球能源供需版图深刻变革,国际经济政治格局复杂多变,世界进入动荡变革期,单边主义、保护主义、霸权主义对世界和平与发展构成威胁。在百年未有之大变局的深刻影响下,新科技革命的加速发展、国际竞争格局的深刻变化,以及新冠疫情的持续影响,全球汽车产业链供应链加速重构。

(一)国际环境变化加速汽车产业链供应链重塑

当前,经济全球化遭遇波折,多边机制的权威性和有效性受到严重挑战,对全球产业链供应链产生巨大冲击。受保护主义、单边政策等因素的影响,多边贸易谈判陷入僵局,但北美、欧盟、区域全面经济伙伴关系协定(RCEP)及美洲、非洲各类自由贸易区在构建区域内联系与对话机制、推动区域或双边多领域合作等方面发挥越来越大的作用,促使全球产业链向区域化方向发展。近年来,全球范围内先后有《全面与进步跨太平洋伙伴关系协定》《日欧经济伙伴关系协定》《美国-墨西哥-加拿大协定》和《欧盟-南方共同市场自贸协定》等超大自贸协定签署或完成谈判,全球经贸秩序面临重大调整。区域自由贸易协定直接影响全球贸易和产业布局,深度影响全球汽车产业链和价值链。在供给端,汽车产业链的世界性分工格局已经形成,一些基础材料和核心部件在世界少数地区生产有优势,如车规级芯片多在日本、韩国和中国台湾地区生产。在需求端,汽车是非必需耐用消费品,市场发展依赖国民经济的发展和人民收入水平的提高,经济低迷导致汽车消费市场的压力越来越大。此外,区域冲突为汽车产业链供应链带来新的挑战。俄乌局势复杂多变,西方制裁不断加剧,导致国际能源和原材料价格上涨、物流迟滞、零部件断供等诸多问题不断涌现,汽车产业链供应链加速重塑。

(二)新技术加速与汽车产业深度融合

当前,新一代信息技术、新能源、新材料和生物技术加速与汽车产业深度融合。汽车产业作为推动新一轮科技革命和产业变革的重要力量,逐步成为本轮科技革命和产业变革的主要载体和应用先导。新兴技术快速渗透至汽车全产业链供应链,催生了新技术、新业态和新生态,推动汽车产业发展和进步。在研发设计方面,汽车产品设计趋向新一代模块化高性能整车平台,纯电动汽车底盘一体化设计、多能源动力系统集成技术成为主流,整车智能能量管理控制、轻量化、低摩阻等共性节能技术将大规模应用,关键零部件研发聚焦先进模块化动力电池与燃料电池系统技术和新一代车用电机驱动系统技术。在生产制造方面,以数字化车间/智能工厂为代表的智能化生产和满足消费者个性化需求的定制,将占据更加重要的地位。汽车生产方式向互联协作的智能制造体系演进,大规模个性化定制成为未来趋势。在销售方面,随着互联网渗透率快速提高,电商平台正逐步改变传统 4S 店的销售模式,成为汽车销售的重要渠道,汽车新零售实现全链路数据的流通、可视化、可追踪。线上订制等新型零售方式有望得到大规模应用,更加长远地影响消费者的购车模式。在服务体系方面,互联网与汽车的深度融合,使安全驾乘、便捷出行、移动办公、本地服务、娱乐休闲等需求充分释放,消费需求的多元化特征日趋明显,老龄化和新生代用户比例持续提升,共享出行、个性化服务成为主要方向,汽车企业持续增强汽车产品控制系统、智能操作系统、信息娱乐、在线升级等功能,通过不断创新商业运营模式,满足消费者日益增长的汽车需求。

三、汽车产业承载着实现双碳目标的重要使命

为有效应对气候变化,全球逾 190 个国家和地区签署了《巴黎协定》。随着《巴黎协定》的全面实施,碳中和成为国际社会关注的焦点。越来越多的经济体宣布碳中和目标,采取更严格的减排措施,国际碳中和行动的规模和影响日益扩大,绿色低碳日益成为各国经济社会发展的主要方向。

2020 年 9 月 22 日,国家主席习近平在第七十五届联合国大会一般性辩论上宣布,中国将提高国家自主贡献力度,采取更加有力的政策和措施,二氧化碳排放力争于 2030 年前达到峰值,努力争取 2060 年前实现碳中和。以习近平同志为核心的党中央基于推动实现可持续发展的内在要求和构建人类命运共同体的责任担当,宣布了碳达峰和碳中和的目标愿景,我国碳达峰碳中和的承诺大大提振了全球应对气候变化的信心。党的二十大报告提出,积极稳妥推进碳达峰碳中和。报告中对碳达峰碳中和的部署,为我国努力实现双碳目标,共同谱写生态文明新篇章提供了根本遵循。

(一)全球各国实施严格汽车节能减排措施

当前,各国在汽车领域实施更为严格的节能减排措施,并高度重视新能源汽车的发展,进一步降低汽车工业碳排放对全球气候的影响。在燃料消耗量方面,到 2025 年,乘用车新车平均燃料消耗量达到 4L/100km 左右是国际趋势。我国的目标是下降至 4L/100km;日本的目标是 2030 年达到 3.9L/100km;欧盟要求的是乘用车 CO_2 排放于 2025 年比 2021 年下降 15%,2030 年比 2021 年下降 30%;到 2025 年,美国要求乘用车新车平均燃料消耗量达到 55.3~56.2mpg(约合 4.3L/100km)。在排放标准方面,欧盟和日本分别于 2017 年和 2018 年实施全球轻型车测试规程,实质上加严了排放要求。

美国当前实施的尾气排放标准已是全球最严格的标准之一。我国从 2023 年 7 月 1 日开始,全面实施国六 b 标准,跻身全球最严格的排放标准之列。在此背景下,欧洲、北美、亚洲、南美的主要汽车生产国纷纷加快新能源汽车的研发推广力度。世界主要汽车国家对推广销售的新能源汽车直接给予财政补贴,并采取措施支持充电基础设施建设和运营、支持电池研发。部分地区和国家甚至提出将实施划定燃油汽车禁行区和燃油汽车退出时间表等措施,例如,挪威计划到 2025 年前,逐步淘汰汽柴油车,欧盟提出到 2035 年,在欧盟 27 国境内,禁售车型包括乘用车以及 3.5 吨以下的轻型商用车。

为了落实好碳达峰碳中和战略部署,我国加快构建碳达峰碳中和"1+N"政策体系,研究制定汽车等分领域分行业实施方案。《2030 年前碳达峰行动方案》明确了交通运输领域的重点任务,推动运输工具装备低碳转型。积极扩大电力、氢能、天然气、先进生物液体燃料等新能源、清洁能源在交通运输领域的应用。大力推广新能源汽车,逐步降低传统燃油汽车在新车产销量和汽车保有量中的占比,推动城市公共服务车辆电动化,推广电力、氢燃料、液化天然气动力重型货运车辆。到 2030 年,当年新增新能源、清洁能源动力的交通工具比例达到 40%左右,力争 2030 年前,陆路交通运输石油消费达到峰值。

(二)全生命周期的碳贸易壁垒已经形成

发达国家正全力推进应对气候变化的标准政策体系建设。欧盟设立碳边境调节机制,即征收碳税,征收范围包括水泥、电力、化肥、钢铁和铝。未来,欧盟委员会将评估是否进一步扩大产品范围,以及是否纳入下游产品和间接排放。《欧洲电池与废电池法规》针对动力电池增加了一系列碳足迹强制性要求,对电动汽车的强制碳排放管理要求更加明确。此外,美国、英国、加拿大等国家也在推进各自的碳边境调节税制度。从汽车全生命周期维度关注碳排放,实现科学有效降碳脱碳,已经成为国际趋势。当前,戴姆勒、大众、宝马、沃尔沃、丰田和日产等跨国车企陆续发布碳中和时间表,对供应链及产品全生命周期设定了相对明确的碳排放管理目标。

(三)汽车产业低碳转型可有力推动实现双碳目标

中国双碳目标的提出,是积极参与国际气候治理、彰显大国担当的实际需要,也是汽车行业转型升级、实现绿色低碳高质量发展的重要契机。汽车的动力来源由传统化石能源向可再生能源转变，汽车使用环节碳排放大幅减少，汽车全产业链低碳发展将更好地与社会能源、环境承载能力相适应，提高能源资源利用效率、降低化石能源消耗、减少二氧化碳，以及其他污染物的排放。新能源汽车作为超大规模的分布式储能单元，结合先进电力电子通信控制技术、合理的充放电设施布局、引导性的电价政策，将推动可再生能源接入、削峰填谷等功能实现，保障电力系统安全可靠、经济高效、清洁低碳运行。作为智能交通的重要组成部分、智慧城市的基本移动单元及物联网的典型连接节点，汽车与智能交通的融合将满足一体化移动出行、按需出行等需求，进而大幅提升交通效率，降低汽车产业排放总量。根据行业分析测算，预计汽车产业将在2028年前后提前实现碳达峰，随着新能源汽车的推广应用进程加快，达峰时间有望进一步提前，汽车产业低碳转型实现高质量发展，将为国家加快实现双碳目标做出积极贡献。

第二节 发展目标

一、指导思想

以习近平新时代中国特色社会主义思想为指导，全面贯彻落实党的二十大精神，完整、准确、全面贯彻新发展理念，紧抓汽车产业电动化、网联化、智能化的发展趋势，充分发挥市场和政府的协同作用，以汽车工业现代化发展为主题，着力提升产业创新能力，着力夯实发展基础，着力培育世界一流企业，着力加强相关产业融合发展，着力优化产业发展环境，增强汽车产业全球竞争力，推动汽车工业现代化发展和汽车强国建设，满足人民日益增长的美好生活的需要，为实现两个一百年奋斗目标和建成富强、民主、文明、和谐、美丽的社会主义现代化强国提供重要支撑。

二、发展目标

把握汽车产业电动化、网联化、智能化发展的机遇，争取到2035年，基本完成汽车工业现代化，实现汽车强国建设的目标。

一是构建独立自主的汽车技术创新体系，实现重点领域关键技术重大突破，新能源、智能网联技术全球领先，具备全球汽车产业创新引领能力。

二是形成覆盖汽车产业链供应链的汽车及关键零部件生产制造装备自给能力，完备的关键零部件设计开发制造能力，实现产业链供应链自主可控。

三是打造一批具有国际竞争力的汽车及零部件企业和品牌，显著提升自主品牌国际影响力，大幅提升在全球产业分工和价值链中的地位。

四是加强与交通、能源、信息通信等相关产业的深度融合，发挥好汽车产业的资源优势，实现协调发展，满足人民日益增长的美好生活需要。

五是构建统一开放、竞争有序的市场环境，为汽车产业高质量发展和汽车强国建设提供支撑。

第三节　发展路径

创新、协调、绿色、开放、共享的新发展理念集中体现了我国经济社会的发展思路、发展方向、发展着力点，体现了中国共产党对中国特色社会主义经济发展规律认识的升华。创新解决的是发展的动力问题，协调解决的是发展的不平衡问题，绿色解决的是人与自然的和谐共生问题，开放解决的是内外联动的问题，共享解决的是公平正义的问题。

习近平总书记指出，进入新发展阶段明确了我国发展的历史方位，贯彻新发展理念明确了我国现代化建设的指导原则，构建新发展格局明确了我国经济现代化的路径选择。实现党中央、国务院领导下汽车工业现代化，必须将贯彻新发展理念作为核心指导思想和实现路径。新发展理念能够解决汽车工业现代化发展中的诸多问题，是我国汽车产业高质量发展的关键着力点。

一、坚持创新发展，塑造发展新优势

党中央、国务院高度重视创新发展，将创新摆在新发展理念之首，放在国家发展全局的核心位置。汽车产业创新发展主要包括体制创新、技术创新、模式创新、文化创新四个方面。

在体制创新方面，随着全球汽车产业不断演进和变革，我国也需要顺应产业发展趋势，持续优化创新汽车产业管理制度和政策体系，促进汽车新技术、新业态、新模式发展。在技术创新方面，技术创新能力是驱动汽车产业发展的原动力。实现汽车产业高水平的自立自强，就是要通过自主创新取得汽车领域的尖端突破和重大进展，不断优化创新链与产业链的精准对接机制，使先进的科技创新成果及时顺畅、精准到位转化为领先的生产力和强大的综合竞争力。在模式创新方面，模式创新包括生产模式的创新、营销模式的创新，这些模式创新共同推动汽车生态模式的创新。随着数字经济时代的

变化，跨界融合的逐步深入，行业形势和消费者需求都在发生变化，传统的商业模式难以挖掘新的服务价值，未来汽车行业的发展优势将不再局限于技术和产品，而是进一步向生产优化、营销变革、体验提升、出行服务等方面延伸。在文化创新方面，文化创新能为各类创新活动提供源源不断的生命力，增强汽车产业发展自信。通过文化创新，形成以人为本、自主创新、中国特色、低碳环保、资源节约的汽车设计文化，形成弘扬企业家精神、工匠精神、打造知名品牌、追求卓越品质等先进的汽车生产文化，形成反对奢侈、倡导节俭、提倡理性消费、绿色消费的汽车消费文化，形成遵交规、尚礼仪、讲安全、乐共享的汽车出行文化，形成讲究诚信、周到礼貌、以顾客为中心的汽车服务文化。

二、坚持协调发展，促进全方位融合

习近平总书记指出，协调既是发展手段又是发展目标，同时还是评价发展的标准和尺度，是发展两点论和重点论的统一，是发展平衡和不平衡的统一，是发展短板和潜力的统一。促进各个领域的协调可以促进发展，协调的水平与程度可以衡量发展。协调发展强调全面，特别注重如何解决发展不平衡问题。在社会主义现代化建设中，为全面实现发展目标必须推动协调发展形成平衡结构，增强发展的整体性。要实现汽车工业现代化，需要汽车与相关产业协调发展。

一方面，通过引导企业加强合作、建立多种形式联盟、开展强链补链行动等方式，增强汽车产业链的自主可控能力和产业协调能力。另一方面，汽车与不同产业间的协调发展需要统筹考虑汽车与生产、使用、回收等全生命周期不同环节涉及的产业间的关系，主要包括与能源、信息、交通、通信、城建等相关产业的协调发展。

三、坚持绿色发展，推动低碳化转型

习近平总书记指出，保护生态环境就是保护生产力，改善生态环境就是发展生产力。绿色发展阐明了最普惠的民生福祉理念，是人民追求美好生活的重要体现。汽车产业的绿色发展，体现在汽车产业的设计、生产、使用和回收等环节。通过推广新能源汽车绿色研发设计、绿色生产和回收利用等，从而转变汽车产业增长方式，提高汽车产业资源能源利用率和碳生产率。倡导公民采用公共交通和共享出行等绿色出行方式，降低在使用环节的碳排放。在汽车报废回收阶段，通过动力电池等关键零部件的回收，发展循环经济，提高资源的再生利用能力，降低汽车产业碳排放。

四、坚持开放发展，促进双循环发展

开放发展强调互利共赢、协调平衡的开放，强调内外需协调、进出口平衡、"引进来"和"走出去"并重，其核心是提高我国在全球经济治理中的制度性话语权，构建广泛的利益共同体。

汽车产业的开放发展包括汽车国内市场和国外市场的开放发展。国内市场的开放发展，需要加快建立全国统一的汽车市场制度规则，促进商品要素资源在更大范围内畅通流动，加快建设高效规范、公平竞争、充分开放的全国统一大市场。国外市场的开放发展，需要坚定推进我国汽车企业"走出去"，包括在国外投资建厂、资产并购、产品投放、标准制定等，特别是要加强与"一带一路"沿线国家的合作与融合发展，构建深度扭抱合作的格局。

五、坚持共享发展，增强人民获得感

习近平总书记指出，共享理念实质就是坚持以人民为中心的发展思想，体现的是逐步实现共同富裕的要求。共享发展是中国特色社会主义的本质要求，必须坚持发展为了人民、发展依靠人民、发展成果由人民共享，做出更有效的制度安排，使全体人民在共建共享发展中有更多的获得感。

汽车产业的共享主要涉及两方面。一是资源共享。在汽车全产业链、配套资源、车辆产品等方面实现共享。通过共享发展，汽车产品的质量将不断提升，汽车产品的种类将不断丰富，提高汽车使用的便利度，助力人民的生活更美好。二是成果共享。汽车企业通过上市发行股票、资产证券化等金融方式惠及人民，促进汽车产业发展成果共享。全体人民在共建共享汽车产业发展中有更多的获得感，增强发展动力，朝着共同富裕方向稳步前进。

第四节 措施建议

中国汽车工业现代化建设要准确把握新时代赋予的重大机遇，站在汽车产业发展全局的角度，充分总结历史发展经验，瞄准未来产业发展战略制高点，坚持问题导向和目标导向，围绕中国汽车工业现代化建设的总目标，着力从加强顶层设计、优化行业管理体系、加大技术创新力度、推动绿色低碳

转型、促进产业体系国际化和共筑美好汽车社会等方面进行重点布局。

一、加强顶层设计

国家在不同阶段出台相应的战略规划,对中国实现汽车工业现代化具有重要的引领和指导作用。

全面贯彻落实党的二十大精神,将建设中国汽车工业现代化作为系统推进新时代汽车强国建设的指导方针和行动纲领,加强前瞻战略谋划和系统性评估,统筹推进汽车产业高质量发展。进一步推动中央和地方政府的协同作用,发挥中央政府在顶层设计等方面的宏观引导作用,强化地方政府主体责任意识。持续发挥节能与新能源汽车部际联席会、国家制造强国建设领导小组车联网产业发展专项委员会的协调作用,加强部门间政策措施的衔接,形成汽车产业发展的政策合力。

二、优化行业管理体系

坚持稳中求进工作总基调,坚持实事求是、尊重规律、系统观念、底线思维,把实践作为检验各项政策和工作成效的标准,结合汽车产业发展的新形势、新问题,持续优化行业管理体系。

(一)完善产业法制化管理体系

一是推动出台《道路机动车辆生产准入许可管理条例》,形成有法可依、依法管理、严格执法的汽车产业法制化管理体系。二是贯彻落实《网络安全法》《数据安全法》《个人信息保护法》等法律法规要求,持续优化对汽车功能安全、预期功能安全、网络安全、数据安全等方面的管理。

(二)优化汽车税收制度

一是统筹完善央地两级汽车税收制度,根据中央和地方事权和支出责任比例进行优化,提高共享税的地方分享比例,相应减少转移支付比重,充分发挥中央和地方促进汽车消费的积极性。二是切实优化消费者购车税负结构和比例,对汽车购置、保有、使用环节的主要税种及税负水平进行科学分析评价,在征管可控前提下,推进税费征收从购置向保有、使用环节后移,降低消费者购车负担,促进汽车消费。三是研究建立汽车全生命周期绿色税收制度,从供给和需求两侧同时发力,加强消费税、环境保护税、燃油税等税种的衔接与协调，充分体现税收在生态环境保护中的全方位、全地域、全过程杠杆作用。

（三）深化国有汽车企业改革

一是深度推进加强党的领导与完善公司治理相统一，紧紧围绕提高效率激发活力，推动市场化机制等各项措施全面走深走实，科技创新、收入分配激励更精准，激发国有汽车企业活力。二是向纵深推进国有汽车企业产权制度、法人治理结构等综合改革，完善现代企业制度。三是不断深化收入分配制度改革，积极探索资本、管理、技术等要素参与分配的方式和途径，加快实施股权激励和员工持股等中长期激励方式，鼓励和引导企业负责人、科研、管理和技术骨干等通过参与股权激励计划，将个人利益与企业长期业绩提升紧密结合，牵引国有汽车企业持续做强做大。

三、加大技术创新力度

探索既能发挥市场决定性作用，又能发挥国家战略动员和资源组织作用，激发汽车行业自身活力，建立汽车产业链供应链各环节有效整合的创新体系。

（一）完善技术创新体系

一是加大行业创新平台建设。推进科研院所、高校、企业科研力量优化配置和资源共享，围绕创新链培育一批国家级技术创新和成果转化平台。组织制定国家级汽车技术创新联盟的考核标准和运行机制，推动联盟加强国际协同，围绕创新链布置创新任务，积极孵化国际先进创新组织。二是提升企业技术创新能力。推进产学研深度融合，支持企业牵头组建创新联合体，承担国家重大科技项目。发挥企业家在技术创新中的重要作用，鼓励企业加大研发投入，对企业投入基础研究实行税收优惠。发挥大企业引领支撑作用，带动创新型中小企业创新成长，推动产业链上中下游、大中小企业融通创新。三是健全知识产权保护制度。实施"领跑者"激励制度，对年度专利持有量、新增量等排名靠前的企业予以税收减免等激励措施，促进企业加强专利布局。统筹汽车产业的知识产权维权工作，全面加强汽车产业知识产权立法工作，加大知识产权法的执行力度。四是激发汽车人才创新活力。全方位培养、引进、用好人才，造就更多国际一流的汽车科技领军人才和创新团队，培养具有国际竞争力的青年汽车科技人才后备军。推进以创新为目标的汽车人才培养开发体制,健全以创新能力为导向的汽车科技人才评价体系,实施知识更新工程、技能提升行动,壮大高水平工程师和高技能人才队伍。支持发展高水平研究型院校,加强基础研究人才培养,实行更加开放的人才政策,构筑集聚国内外优秀人才的科研创新高地,为中国汽车工业现代化提供智力支撑。

(二)提升自主品牌竞争力

一是培育一批龙头企业。培育具有全球竞争力的汽车企业,打造国际知名汽车品牌,是实现中国汽车工业现代化目标的重要举措。支持我国汽车及零部件企业加大核心技术掌控力度,提升技术实力,通过规模效益降低企业成本,增强企业整体竞争力。二是加大自主品牌宣传力度。充分发挥政府、行业及社会各界的作用,提高自主品牌在党政机关公务用车中的比重,通过发挥公务用车的市场带动和引导作用,有效树立自主品牌的消费意识。通过品牌向上等系列活动,引导人民群众购买和使用自主品牌汽车产品。三是提升自主品牌汽车的国际影响力。支持高质量的汽车企业"走出去",参与国际竞争。

四、推动绿色低碳转型

《中共中央 国务院关于完整准确全面贯彻新发展理念做好碳达峰碳中和工作的意见》提出了构建绿色低碳循环发展经济体系,明确了碳达峰碳中和工作的路线图。加快推动汽车产业绿色低碳转型是践行新发展理念,是实现双碳目标的内在要求,是实现中国汽车工业现代化的关键举措。

(一)推动汽车工业低碳转型

一是推进汽车产品绿色设计。深入推进绿色设计示范和绿色设计产品评价,鼓励企业通过轻量化设计和动力系统改进,降低能耗,提高绿色原料和绿色技术的应用比例。二是倡导汽车工业绿色生产。降低整车及零部件制造环节碳排放,重点是优化生产工厂的能源结构,提高电气化率和可再生能源利用率,通过开发低碳工艺、再生技术、采用节能设备、智能化管理等手段创新制造技术,促进大型冲压件废钢等回收利用。三是促进汽车工业循环利用。建立汽车产品全生命周期循环利用管理体系,大力推行再制造工程,实现报废汽车资源的高效利用。

（二）促进新能源汽车发展

一是推动新能源汽车产业发展。坚持一张蓝图绘到底，加大新能源汽车支持力度，持续优化汽车保有结构，通过新能源汽车下乡、公共领域电动化、燃料电池试点等举措，加快提高新能源汽车渗透率。二是推动新能源汽车参与车网互动，淘汰高排放车型，优化使用模式，并通过提升汽车节能技术、车辆小型化、发展智能交通等方式逐步降低汽车能耗。三是加强电动化与网联化、智能化协同发展，推进汽车与交通等产业深度融合，构建科学规范的智能网联汽车产业监管体系。

（三）加大标准法规研究

一是针对开展碳边境调节机制研究，积极探索科学合理的产业链全生命周期碳排放核算标准的制定，构建汽车产业全生命周期碳排放核算体系，推动国内外碳排放核算方法、基础数据互通、互认与互享，共同构建公平、透明的国际汽车贸易低碳管理协同机制。二是积极参与全球技术法规协调，深入参与国际标准制定，以电动汽车安全、动力电池、充换电等为重点，广泛开展国际合作交流，依托中欧、中德、中法、中日、APEC等多双边合作对话机制，加强沟通与协调，深化低碳发展重点领域的标准合作。三是持续推进国内油耗标准制修订工作。基于双碳目标，持续推进油耗标准制修订，不断降低传统燃油汽车油耗水平。

五、推动产业体系国际化

国际化发展是中国汽车产业走向世界参与全球竞争合作的前提条件，也是中国汽车工业现代化的重要组成部分。

（一）推动自主品牌"走出去"

一是加大政策支持力度。进一步完善汽车产业"走出去"政策，全面贯彻落实国家"一带一路"建设内容，支持企业在境外设立研发中心，在全球范围内整合利用各类创新资源，开展协同创新。推动协同发展，实现产业链国际布局，引导和推动国际产能合作。加大金融支持力度，将重点汽车项目纳入国家"丝路基金"的支持范畴，给予相应的资金支持。二是提高服务能力。加强国内行业机构与国际组织的沟通交流，建立境内外一体化、信息化的高效合规体系，及时了解海外市场的汽车产业政策、认证标准方面的最新要求，帮助企业更好地依据相关法规制定适应措施。

（二）做好优势企业"引进来"

一是深化外商投资管理体制改革，简化外商投资项目管理、审批程序，吸引外资来中国投资建厂。二是紧抓国际汽车巨头高度重视中国新能源汽车市场的机遇，创新合资合作模式，鼓励加大在华研发投入，提高本地化研发能力。

六、共筑美好汽车社会

可持续发展的汽车社会需要处理好汽车与环境、能源、交通和安全等方面的关系，有效保护消费者的合法权益，创造稳定、透明的消费环境和绿色便利的使用环境，可持续发展的汽车社会是满足人民对美好生活需要的重要体现。

（一）推动汽车与相关产业融合发展

一是积极打造全新移动出行服务生态体系。引导汽车与信息通信、能源、交通、环境等领域深度融合，鼓励汽车企业与科技企业、互联网企业等合作，创新商业模式，支持智能交通、智慧能源等融合和应用，共同打造开放、创新、高效的移动出行新生态环境。二是探索汽车产业跨领域融合示范。加快汽车与智能交通、智慧城市融合发展，进一步推动充换电、加氢和智能路网等基础设施建设，开展融合示范。

（二）培育中国特色汽车文化

一是明确中国汽车文化内涵，引导形成创新、绿色、开放的中国特色汽车文化，加强汽车文化的舆论引导，鼓励汽车企业在产品设计中融入中国文化元素。培育中国特色汽车文化，全面提升中国汽车文化软实力，助力中国向汽车工业现代化强国迈进。二是培养良好的汽车使用意识和出行意识，营造绿色消费、文明出行的社会出行氛围，倡导和鼓励社会公众绿色用车，低碳出行。

参考文献

[1] 中国汽车工业史编辑部. 中国汽车工业专业史：1901—1990[M]. 北京：人民交通出版社，1996.

[2] 中国汽车工业协会，中国汽车工业咨询委员会. 中国汽车工业史 1991—2010[M]. 北京：机械工业出版社，2014.

[3] 徐秉金，欧阳敏. 中国汽车史论[M]. 北京：机械工业出版社，2017.

[4] 徐秉金，欧阳敏. 中国轿车风云（1953—2010）[M]. 北京：企业管理出版社，2012.

[5] 关云平. 中国汽车工业发展史论[M]. 上海：上海人民出版社，2020.

[6] 李安定. 车记：亲历·轿车中国30年[M]. 北京：生活·读书·新知三联书店，2017.

[7] 张矛. 饶斌传记[M]. 北京：华文出版社，2003.

[8] 曾军. 中国汽车激荡70年[M]. 北京：机械工业出版社，2020.

[9] 林平. 汽车史话：汽车发展史[M]. 北京：电子工业出版社，2005.

[10] 金碚. 中国工业发展70年[M]. 北京：经济科学出版社，2019.